华龙力量

——陈亚龙创业风云录

◎李华年　杨新明　著

浙江工商大學出版社 ZHEJIANG GONGSHANG UNIVERSITY PRESS｜杭州

图书在版编目(CIP)数据

华龙力量:陈亚龙创业风云录 / 李华年,杨新明著.
—杭州:浙江工商大学出版社,2020.3
（新甬商丛书 / 曹云主编）
ISBN 978-7-5178-3391-8

Ⅰ. ①华… Ⅱ. ①李… ②杨… Ⅲ. ①陈亚龙—传记
Ⅳ. ①K825.38

中国版本图书馆 CIP 数据核字(2019)第160582号

华龙力量——陈亚龙创业风云录
HUALONG LILIANG ——CHENYALONG CHUANGYE FENGYUNLU
李华年　杨新明　著

责任编辑	唐慧慧
封面设计	林朦朦
责任印制	包建辉
出版发行	浙江工商大学出版社
	（杭州市教工路198号　邮政编码310012）
	（E-mail:zjgsupress@163.com）
	（网址:http://www.zjgsupress.com）
	电话:0571-89995993,89991806(传真)
排　版	杭州朝曦图文设计有限公司
印　刷	杭州宏雅印刷有限公司
开　本	710mm×1000mm　1/16
印　张	78
字　数	1048千
版印次	2020年3月第1版　2020年3月第1次印刷
书　号	ISBN 978-7-5178-3391-8
定　价	268.00元(全五册)

浙江工商大学出版社营销部邮购电话　0571-88904970

甬商:做知行合一的践行者

宁波素有"儒商摇篮""商贾之乡"之称,是一个历史悠久、人文荟萃、工商发达的港口城市。商贸的发展需要天时地利人和,更离不开文化的滋润。宁波发达的商业文明既得益于得天独厚的地理环境,更受益于人杰地灵的地域文化。明清以来,宁波有开全国风气之先的浙东文化,其中最有代表性和影响力的便是阳明心学。

王阳明是宁波余姚人,知行合一、"致良知"是他的主要论述。在王阳明思想的基础上,黄宗羲又提出了"经世致用"学说,加上早在南宋时期发端于浙东大地的永嘉学派提出"工商皆本"的思想,这些都极大丰富和拓展了浙东人民对经济社会发展规律的认知,为宁波商帮的兴起奠定了重要的文化基础,为江南经济社会发展提供了重要的思想资源。

无论是主体自觉、致内在良知的根本方法,还是知行合一的实修工夫,都在倡导自主进取、务实诚信的文化价值取向。而对于王阳明出生地的宁波,更是近水楼台先得月,向阳花木易为春。在知行合一思想的影响下,诞生于这片土地上的商人逐渐成长为一支极其特殊的商业力量——既有商人的创新冒险精神,又不失儒生的道德理想追求。可以说,知行合一既为甬商精神特质的形成提供了最直接的营养,也成为始终流淌在甬商血液中最重要的基因。这正是甬商绵延300余年而不倒的关键所在。

300多年来,甬商代代传承。民谚曰:无宁不成市。有商贸繁荣之地,就有宁波人,就有甬商。明代末年至今,大批宁波人秉承知行合一的精神,怀着对美好未来的憧憬,从甬江口跨越杭州湾,从东海之滨驶向世界各地,背井离乡到万水千山的远方创业谋生。他们的身体力行不仅促进了各地的货物贸易,繁荣了当地经济,也把商业文明的种子撒向神州大地。300多年来,甬商经历了从形成、崛起、辉煌,到转折、复兴、传承的历史轨迹,书写下六代甬商不一样的商帮传奇。

在中华人民共和国成立70年的岁月里,甬商作为促进宁波发展的重要力量,在各自领域勇于开拓,不断创新,为经济社会发展做出了巨大贡献,谱写了辉煌的时代篇章。改革开放40年是中国经济步入世界经济版图的40年,甬商从全球卖到全球买,为中国制造赢得了世界性的荣誉,并留下了独一无二的宁波印记。一批批民营企业在宁波崛起,一批批工商领袖在宁波诞生。在知行合一思想的激励下,他们践行经世致用、实干兴邦的历史传承,无论是300年、70年还是40年,一直在我国工商业发展中走在前列、勇立潮头,始终屹立在中国商界,并不断传承向前发展。

浙江省委副书记、宁波市委书记郑栅洁用四个"知",即知行合一、知难而进、知书达礼、知恩图报,为宁波人和甬商画像。每一个宁波人,或许都能在"四知"中找到个体对于这个风云时代现实问题的思考答案,但对于甬商而言,"四知"却恰恰是最能体现300余年甬商精神的内涵所在。甬商的家国情怀、创业创新一直是推动宁波发展的重要力量,是展现宁波风采的亮丽名片。在他们身上,我们看到了宁波独特的精神气质。甬商的"四知"精神,已然成为所有宁波人干在实处、走在前列、勇立潮头、永无止境的新坐标。

为了把知行合一思想在甬商身上的体现进行归纳和梳理,我们从2012年开始就不间断地编撰和出版新甬商系列丛书,目前已出版三辑共12本。在这一辑"新甬商丛书",我们聚焦"四知"精神,通过对甬商人物的观察采访、生动曲折的创业故事、商帮工作的感悟,来展现甬商作为

"知行合一践行者"的风采。同时也将甬商精神和创业经验，通过图书的形式记录下来、传承下去，让年轻一代的甬商能够学习老一代甬商的创业精神，使甬商精神能够代代相传，发扬光大。

　　企业兴则国家兴，企业强则国家强。甬商以知行合一的实干精神，创造了许多商业传奇，造就了时代的风云变幻。站在新时代的起点，我们希望通过对甬商群像的描述，来记录作为"知行合一践行者"的甬商的不同侧面；让这些活生生的甬商人物、他们的创业故事和背后的精神世界，来展现知行合一的独特魅力，以及甬商的情怀、坚韧和智慧。

　　是为序。

范　谊

宁波市甬商发展研究会会长

第十、十一届全国人大代表

第十二、十三、十四届宁波市政协副主席

序：风雨兼程　华龙力量

　　龙之精华，在于万般变化，能屈能伸，能升能隐，大则吞云吐雾，小则隐芥藏形，隐则藏于波涛之中，升则飞腾于宇宙之中。本书以龙的情愫、龙的引领、龙的图腾、龙头印象、龙的印记贯穿全书的始终，旨在揭秘华龙人的成长密码，探究华龙的成功秘诀和华龙创业团队的风雨历程。

　　在与陈亚龙董事长的访谈中，他思维敏捷，憨厚朴实。他既是一名孜孜以求、精通电子行业本身的高级工程师，也是一名夙兴夜寐、亲身参与电子企业成长和发展的团队建设和管理者，更是一位放眼未来、搏击长空、洞悉电子行业发展脉搏的规划者。

　　每当企业在发展的关键节点，总是会迫使管理层不断地改革，而陈亚龙总是掀起改革所带来的挑战。他从来都没有忽视技术创新，这种重视创新的理念是企业在上升和发展中实现良性循环的第一要素。

　　他独自挑起企业革新、破茧成蝶的重担。那段日子里，围绕产业链促进融合配套发展，华龙着力推动软硬融合、制造与服务融合、售后与产品融合。实施智能硬件行动计划,加快培育基于电子业的融合性新产品,为产业发展不断开辟新的空间。

做人不但要诚信还要务实,企业不但要创新还要追求卓越。华龙电子未来要进入行业世界前十位。从以代工为重心,转向稳健加工基础,始终种好电子行业的"一亩三分地",始终没有进入房地产;从以自力更生为主,到狠练内功的同时,吸纳一切可吸纳的力量,共同打造行业标杆模式。面向上市的快车道,这是一种值得赞赏的飞跃。这也是陈亚龙不断在创新中创业,在创业中创新的努力。

陈亚龙对中国电子制造业未来的发展,抱以乐观的态度与极大的期望。华龙电子在自身企业茁壮成长、欣欣向荣的创业过程中,为中国企业搭起了一座通向世界的桥梁,将欧美近年来研究发展累积的先进科技和理念引入中国,走出了一条符合中国实际、属于华龙团队的创新发展和探索之路。

对待每一件事情,如果仅仅只是把事情做完,甚至敷衍了事,自然无法赢得力量,而有些人力求完善,事事尽心尽责,也正是这种力求完善的态度,才让他们到达胜利的彼岸。

力求完善,就是把每一件事情做到极致。对人、对事都应该如此。许多人都在做同样的事情,但结果却迥然不同。有的人只是做了这件事情,有的人不但做了,还以力求完善的态度去做,从而产生完全不同的结果。

前者只是把事情做了,是一个平常的结果,而后者的结果会迥然不同。

　　陈亚龙本着力求完善的态度，思考如何把每一件事情都做到极致，精益求精，并力求做到尽善尽美。更重要的是，因为要力求完善，就不只停留在"低头做事"的层面，更会"抬头看路"，会考虑如何把工作做得更好，就会探索更好的、更有效的工作方法。这种力求完善的态度，会让人每一天都充满创意。今天要比昨天好，明天要比今天好，这样不断琢磨，反复思索，就会生出好想法，产生有益的启迪，并引发创新的突破。

　　凡事精益求精，会让每一件做的事情都比平常人要好那么一点点，开始的时候可能看不出差距，但随着这种日积月累的量变，最终会产生深刻的质变，由平凡衍生出伟大，由平凡衍生出卓越。

　　剖析华龙成功的秘密，既是一种艺术，也是一门科学，更是一项实践活动。华龙电子的管理能力是在实践中练出来的。权力和威信，要由企业管理者的管理能力以及管理实践中取得的成绩说了算。作为华龙电子的创始人和管理者，陈亚龙在管理实践中一直秉承宽容失败、鼓励试错的原则，为团队革新、产品更新换代保驾护航。无论是理念上的不断突破、思想上的不断创新，还是行动上的不断改进，华龙电子的成功在一定程度上也是试出来的：为企业产品自主创新提供试错的环境，不怕承担失败的代价，不断为团队提供"试"和"练"的平台和机会，以积累实践经验。陈亚龙认为，只有敢于尝试，敢于创新，敢于面对挑战，才能在激烈的全球电子市场竞争中夺得属于自己的一席之地。

　　在陈亚龙看来，一个优秀的管理者所要努力做的，就是为员工提供或塑造愉悦的工作环境，使员工体会到工作的乐趣，同时满怀信心与希望，使员工深切感受到企业的发展与个人息息相关。人性化管理能够让员工充分挖掘自身的潜能，奉献自己的热情和汗水，为企业的振兴、发展，从优秀到卓越做出贡献。

信心是行动的发条，基于信心而来的那种无比的驱策力量，就是缔造人世间一切伟业殊功的源头。人有信心，就有希望。

从成为鄞州区第十六届、第十七届、第十八届人大代表，到宁波市甬商理事会副会长、宁波东钱湖旅游度假区商会副会长。陈亚龙始终向着前方。

2005年公司首批通过宁波市清洁生产企业验收。2006年公司实施了国家信息产业部电子发展基金"环保型新型电子材料循环利用项目"，通过宁波市信息产业局验收。2008年10月"TO-220系列防水塑封引线框架"被列入"国家科技部2008—2009年度火炬计划项目"，2009年2月荣获"第三届中国半导体创新产品及技术"奖。2009年公司组织实施了"大规模高端四面扁平式封装LQFP引线框架的研究与产业化"项目，并列入国家科技部02专项"极大规模集成电路制造及成套工艺"。

2009年9月公司被评为国家高新技术企业。2009年10月公司获得ISO/TS16949质量管理体系认证。2010年2月公司获得ISO14001环境管理体系认证。2010年10月，公司技术中心荣获浙江省省级企业技术中心称号。至2017年，公司已获得52项专利授权，其中发明专利2项，实用新型专利50项。

从一个家庭小作坊，历经二十九年的发展，已拥有占地面积12000平方米、建筑面积9万平方米，注册资金7500万元的公司，并成为国内半导体塑封用引线框架主要生产基地之一。在荆棘之路负重前行，而且迈出的步伐如此豪迈、壮阔，靠的是什么？靠的就是华龙电子自主创新之路上由内而外散发的自信和骄傲！

一路走来，华龙一路演绎着中国电子企业在高科技领域创造的奇迹。

而这种现实超越梦想的裂变式发展，使得华龙有了足够的实力与信心来实现更大的雄心。

信心能使软弱的人变得刚强，毅然承担一切苦难与折磨，接受任何考验和试探。只要你的信心十足，你自然就能把握所有存在的机会，牢牢抓住一切可以得到的幸福，获得人生的成功。人的潜能是巨大的，它一旦被激发出来，就会不惧一切，以极大的热情和意志力朝着自己的目标勇往直前。

华龙之所以有力量，是用心做好每一个细节，用点滴的行动，积累成一股让世界变得更美好的力量。为自己、为企业赢得了大力量。

陈亚龙近照

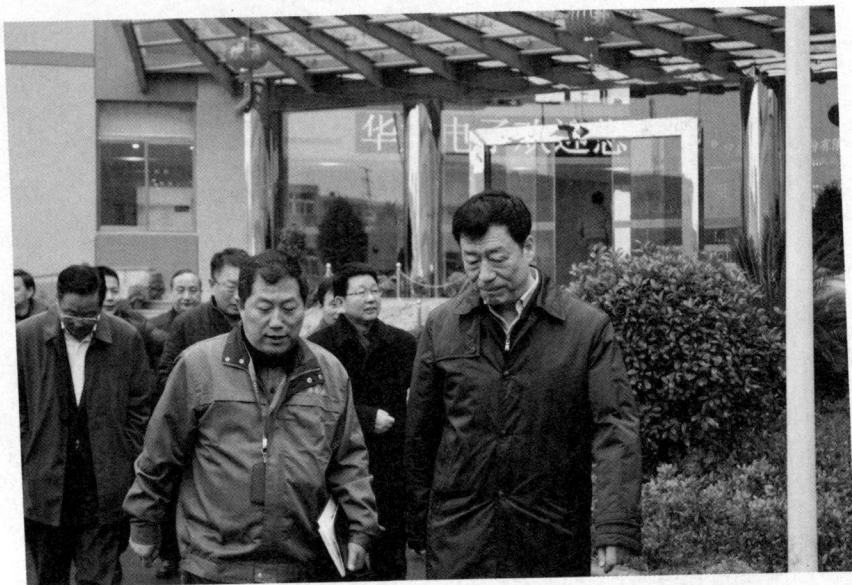

2016年2月14日,正月初七,时任浙江省委常委、宁波市委书记
刘奇同志前来华龙电子视察

前　言

　　1964 年 7 月 18 日,陈亚龙出生于宁波横溪一个普普通通的农民家庭,在家是老二,上面有姐姐,下面有弟弟。父亲给他们起名字时,虽然都选了一个"龙"字,但父母一定没有想到,自己的儿子将来会与龙有什么关联。凑巧的是,陈亚龙长大后,用自己的智慧和诚信,带领宁波一个名叫"华龙"的企业的崛起,这个崛起,不但照亮了浙江,也连接了整个中国,甚至走向了世界。

　　我们不知道陈亚龙父亲为儿起名时究竟怀着怎样的情怀,但是"龙"的情愫自此深埋在陈亚龙往后的风雨岁月之中,冥冥中指引着他人生事业前行的道路。

　　龙是中国等东亚区域古代神话传说中的神异动物,为鳞虫之长,常用来象征祥瑞,是中华民族等东亚民族最具代表性的传统文化之一,龙文化非常丰富。

　　龙,作为我们中国人独特的一种文化的凝聚与积淀,已经扎根与深藏于我们每个人的潜意识里头,不但人们的日常生活、生老病死几乎都有龙文化的烙印,并且龙文化的视角,龙文化的审美意识已渗入到我国社会文化的各个领域、各个方面。

龙,象征着一种精神,是一个民族的图腾,意义非凡,可以说是民族的统称,或是地域的统称,在漫漫华夏历史进程中拥有经久不息的文化传承。

龙象征着出人头地、不同凡响,古代把卓尔不群、德才非凡的贤人高士也称为"龙"。相传孔子去见道家创始人老子(李聃),回去后三天不开口讲一句话,弟子们很奇怪,问他:"先生见了李聃,是怎样教他的呢?"孔子说:"我见到的是一条顺着阴阳变化无穷的龙,我张口结舌,哪里还能教导他呢!"由此可见老子是人中之龙,难得一见的大贤。

此外,诸葛孔明未出山时被称为"卧龙先生",东汉大夫蔡邕饮酒上百斤醉倒路旁,大家叫他"醉龙"。所以凡是有品德、有才识,或者精工书文,或者为官清廉、行为举止出众的人,都可以将其比作"龙"。

陈亚龙这条人中之"龙",以及他率领的华龙这支真"龙"团队,是华龙电子的缔造者,也是宁波电子行业发展的见证者。他低调,执着,坚韧,顽强,从电子行业学徒工起步,一步一个脚印,带领华龙电子一年一个跨越,一年一个大台阶。

正是受浙东学派的深远影响,再加上港口文化的熏陶,宁波人与外来交往频繁,对中西文化兼收并蓄,宁波帮孕育出了务实、明理、进取、重文、包容、机敏的性格特质。而这也深深地影响着陈亚龙。在经营华龙电子的过程中,陈亚龙正是凭借着这种甬商的精神,悉心地经营着华龙和他的事业,续写着甬商的传奇,确立了"进入世界行业标杆"的目标。

　　在宁波三江口附近的广场上，曾屹立过一组雕像。仔细观察后能发现，雕像中的每个人都是背着行囊、准备上路的样子。这好像意味着永远创业、永不守摊的宁波人，永远在路上。

　　怀着对华龙成长之路的好奇，怀着对深入感受华龙文化的向往走近"华龙电子"，走近掌门人的心灵世界。

H目录

UALONGLILIANG　CHENYALONGCHUANGYE
FENGYUNLU

第五篇　龙的印记

第一篇　龙的情愫

2017年6月16日上午,晴。陈亚龙坐在办公室的茶桌旁,他虽然穿着工作服,胸前挂着蓝色的厂牌,但他身上一股坚定、从容的气息,强烈而浓郁。他热情地给我们泡茶,这是我们第一次面对面采访。

无论是个人,还是企业、国家,以时代发展为引擎,必能扶摇直上九万里。顺势而生,应潮流而动,这对"华龙"所从事的电子行业来说尤为关键。所以与时俱进不仅是陈亚龙的职责,更是"华龙"的命运。

陈亚龙一边泡茶一边微笑着介绍企业,眼神中流动着技术人员的自信和成功人士的沉稳气质,他的笑,微微的,显出几分儒雅的气质,甚至带着几分温馨。

我直视他:"您能否讲讲自己及企业成功的几个重要因素!"

我端正地坐着,打开录音笔和采访本,静静地注视着精神抖擞的陈亚龙。

他端起茶杯,看着对面墙上刚劲有力的大字"厚德载物",思考了五分钟。

他用温和的眼光看着我:"这本书你们重点总结提炼华龙的企业文化,我个人的事情微不足道,尽量少写我个人,多总结企业,提炼企业文化。"

之后,陈亚龙简洁干练地描述了华龙成长历程的几个节点,在关键点上,他只是加重了语气。

"简洁就是力量!"他的话此后一直萦绕在我的脑海里。

简洁而不简单。陈亚龙语句用词颇为简短有力,做事简洁高效,为人简朴低调,却一路在竞争颇为激烈的高科技密集型产业——电子行业做出了让所有同行刮目相看的不凡业绩。

他们以宁波为坐标,辐射福建、甘肃、广东、广西、江苏、山东、陕西、上海、四川、浙江、河南及国外,其中 TO-92、TO-126、TO-251、TO-220、TO-3P 系列分立器件引线框架,DIP/IDF/SOP/SSOP/LQFP 系列集成电路引线框架、SOT 系列表面贴装引线框架,LED 贴片光电器件系列引线框架,IGBT 功率模块系列框架等一百八十余种规格,被国内外五十几家著名半导体企业广泛使用,市场占有率达25%左右,其中 TO-

220系列引线框架市场占有率为40%左右,居国内同类产品第一位。根据《中国半导体行业统计报表》数据,目前公司生产规模和销售规模处于行业前二。

许多企业不是在最困难的时候走向穷途末路,而是在形势一片大好的情况下折戟沉沙。这背后的秘密是,机遇提供加速度,困境提供减速度,快车难把握,慢车好开。

在历史上,宁波帮兴办实业早已举世闻名,并涌现了许多实业大王,虞洽卿、包玉刚、董浩云(董建华父亲)等声名显赫之辈,无不有庞大的实业基础。镇海方液仙在上海创办化学工业社,兴办我国第一家日用化工厂,被称为中国日用化工奠基人。定海的刘鸿生,以煤炭行业起家,号称煤炭大王,1930年创办的大中华火柴公司,为当时中国最大的火柴厂,年生产火柴占全国总产量的四分之一,又被称为火柴大王,之后在全国各地兴办了几十家企业,又被称为企业大王。据史料记载,宁波人创造了100个左右的全国第一,涌现出一批"大王",书写了中国工商业史上的百年辉煌。

永续经营也是甬商的传统。当年宁波帮兴办的实业,许多到现在仍在颇具活力地经营。例如1896年鄞县的鲍咸昌与其兄咸恩、妹夫夏瑞芳等创办的商务印书馆,后来发展成为我国近代史上规模最大、贡献卓越的大型出版企业,现在仍是中国最具影响力的出版企业之一。宁波人创办的"同仁堂",现在也仍是最具活力的医药企业。

在效益和速度天壤之别的背后,是格局的差异。格局,不仅是一个企业整体规划的效果图,更是一个企业整体规划的导引图,在它的导引下企业效益和速度的线路图才能有章可循,并然有序。

陈亚龙秉承甬商兴办实业的格局,大力兴办实业。我凝视着这样的企业,就像凝视着华龙的未来。

家乡之美

江浙素来是富庶之地,一直有"湖广熟,天下足"之说,但这话到了宁波就不一样了,成了"宁波熟,一碗粥"。这是因为宁波人多地少,收成再好,仍不能吃饱。宁波人不能像湖广一带的人那样靠地吃饭,只能靠海吃海,迎着风浪,捕鱼为生。

大海捕鱼,风高浪急,波谲云诡,随时有生命危险,个人单打独斗无法战胜风浪,上至船长下至水手,唯有彼此合作,彼此服务,让全船的人形成一个整体,才能确保平安。有时多条船只一起下海捕鱼,更是需要相互照应。

这种狩渔生活与大部分中国人所过的农耕生活有着极大的区别。农耕生活日出而作日落而息,一人背着农具就可以独立完成,更无所谓生命危险,最多遇到暴风骤雨,自己跑回家里躲雨就是了。

正是这种狩渔生活,在长期与大海搏击的过程中,宁波人彼此晓情明义,彼此照应服务,血脉里沉淀下了强烈的服务因子,在船上,只有彼此服务彼此照应,整条船才能战胜风浪;在船队,也只有彼此服务彼此照应,整个船队才能平安归来。

"经营企业就像出海搏击一样。"陈亚龙认为,市场如大海一样风高浪急,不管是技术人员还是公司普通员工,甚至是董事长总经理,彼此之间都要互相照应,才能在市场搏击中取得胜利。

于其中,陈亚龙及其带领的华龙电子,开始把握时机,创新突围。这种潜质在今天仍然是宁波新的商帮最为优秀的品质。

我们在下海的大潮中,看到了宁波商人独有的勇气和智慧,从学生到军人,从普通职工到厂长,从厂长到公职人员,纷纷开始抛弃"铁饭碗",从零资产、负资产做起,搬运工、技术工、水果贩等等,都义无反顾地开始走上创业之路。

宁波也是中国民营经济最为发达的地区之一。在宁波,有一大批在国内各个行业都可以成为翘楚的企业和企业家,他们有的已成为中国某个产业的领军者和先行者,有的默默地成为某个行业的隐形冠军。在建筑行业,在小家电行业,在机械电机行业,在电子产业,他们都以自己独特的方式,创造财富、尊重财富并利用财富价值。

宁波是一个有着这种创业激情的土壤的地方,这里不仅风景优美,善于养人,更为生于斯长于斯的人民赋予了一种灵秀之气,让他们善于谋变,善于把握机遇,善于开拓,并形成了一种浓郁的商业气候。正是因为有了这种商业气候,宁波的历史上才会出现不间断、不断辉煌的宁波商帮。陈亚龙是新兴宁波商帮的代表人物之一,他深受宁波的商帮文化氛围影响,同时也在企业管理和运营实践中将这种善谋善变的宁波商帮传统提升到了新高度。

新时代呼唤新变革,新变革呼唤着新观念的蜕变和重生。这在客观上也要求创业者的个人素质跟上甚至引领时代的发展。

而华龙电子的成功始终客观地映衬着陈亚龙低调的人生。陈亚龙以男人特有的低调做人,高调做事的风格,庄重地站在整个事业和行业领域的巅峰,辐射一种特殊的力挽狂澜的威严、闪耀动人的光泽,强势引领整个华龙团队,抵达电子行业内部新的境界。

企业改制,员工持股,让华龙电子一天天长大。相互习惯而又相互磨合,微妙的默契伴着企业的蓬勃成长和发展,一切历历在目。

在"诚信、务实、开放、创新"的宁波精神中,"创新"可以说是宁波精神的本质之所在。宁波在文明架构中处于农耕文化与海洋文化的结合点,正是由于这种独特的地理区位优势与深厚的历史文化底蕴,才孕育、培植并不断锤炼着宁波人民勇于进取、敢作敢为的创新精神。

陈亚龙办公室的墙壁上,悬着这样一幅刚劲有力的大字:厚德载物。这正是这位民营企业创始人精神与人格的写照。

一颗原子弹威力巨大,震慑世人,但它的能量来源竟是小小的原子;一则信息能够传播千里,大江南北无处不在,也是因为它拨动了每个人细细的心弦。小即是大,虚实相间,像极了东方智慧的变通与玄妙。在诞生这种智慧的土地上,必定是如此的事情经常发生,用事实滋养智慧的萌芽。如今一道财富榜公示天下,犹如击中众人心脏的利剑蓄势待发,给了多少英雄以身试榜的豪情,给了多少智者冷眼旁观的心绪。

今天的宁波华龙电子股份有限公司位于宁波市东钱湖工业区,占地面积32900平方米,建筑面积50000平方米;目前已成为国内半导体塑封用引线框架主要生产基地之一。

从悠远苍茫的时空背景之中走出,迈向阔大明净的现代文明,华龙电子不仅代表着一个电子企业和一个产业的某种走向,在另一层含义里,更代表着中国制造业从小到大的心路历程。

因此,在此种意义上,当下的华龙电子,已不仅仅是一个电子行业的品牌,也不仅仅是一个傲视电子行业的产业标杆,它更代表了一种电子行业的文化。而这种文化的渗透力、整合力、影响力,这种文化的博大、宽和、精深,才是华龙电子最深邃的精魂。

在文化的糅合中不断升腾、和合、聚集、超越,华龙电子完成了一次又一次艰难的蜕变与升华,轻轻软化传统坚硬的茧,负起那现代性的无边重荷,那份独特的美丽与魅力,已然出现在世界面前。

人之所以能,是相信能,连上帝都帮助自助的人。如此,我们似乎可以说,这是一种缘于发展的焦虑,一种缘于民族的追问,一种缘于现代的转换。这是一种情结,一种根于远古蔓延未来的对生命本真的追问。而这,可能恰恰是最为重要的,也是最为令人钦佩艳羡的。

这种转变,或许不仅仅是属于华龙电子的,而是属于宁波的,属于时代的。因此,在这一点上,华龙电子可能会走得更远。

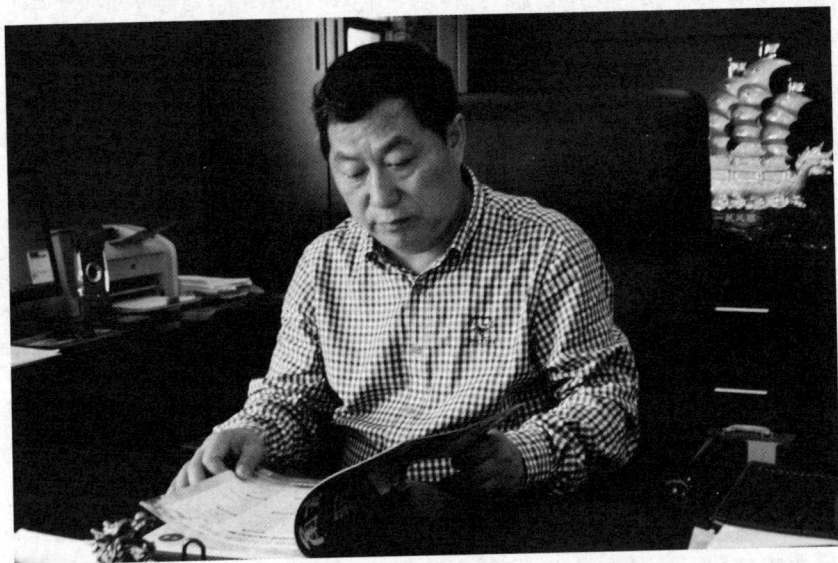

陈亚龙近照

"变"与"不变"

物有本末,事有始终。自然事物,虽然千变万化,却是可以认知的;人间事理,虽然纷繁复杂,也是能够辨识的。

　　一个企业虽然有创新的意识,并且通过创新,使企业进入了新的蓝海领域,在短期实现了快速的增长,但是如果企业没有长远意识,采用短视的行为,不注重用精益求精、力求完善的态度来转化和完善创新成果,那么即使企业找到第二条抛物线的起点,第二条抛物线也会快速滑落,企业也就会死在蓝海的沙滩上,很快就会倒闭。这样的企业领导人只能说是拥有小聪明,却没有大智慧。

　　对于管理精髓,陈亚龙的体悟是:"将数人共同完成的繁杂工作简单化,用一种统一的,明了的,由全体行为人共同遵守的方法或模式从事一种作业,这就是管理。"

　　人往往会认为自己目前的一切行为是最正确的。真正使陈亚龙改变的内在动力:一是比较;二是学习;三是顿悟。

　　当管理进入一定境界,有些东西就没法用语言表达了,只能靠身体力行的体悟和学习,在比较中看疏忽的东西,在有限的时间里把握可以把握的东西。一个强势的管理者会让所有人觉得有所依靠,而同时又不觉得拘束,可以放开手脚去实现共同的目标。

　　所以,为了不变而变。从华龙电子我们看到了变与不变的大智慧,他们在创新之后不断采取精益求精、力求完善的管理和服务夯实基础。

与老"宁波商帮"相比，现代宁波商帮既传承了创业精神、务实精神、诚信精神、协作精神，也表现出顽强的不变意识，又有开拓创新、善于学习的精神，长于思考、富于机变、善于经营、精于管理。一大批像陈亚龙这样的实体企业家涌现出来，他们在致力发展经济的同时，注重自身文化素质的提高，注重管理创新和品牌创新，呈现出新一代宁波商帮应有的时代风貌。这其中尤为突出的，是新生代宁波人的创新精神。这种创新综合体现在理念创新、机制创新、科技创新等诸多领域。坚冰打破后的30年来，一大批艰苦拼搏、创业创新的宁波企业家脱颖而出。从民营企业发展初期的"千辛万苦、千言万语、千方百计、千山万水"的"四千"精神，到之后的企业改制上市，大规模引进先进装备生产线，引进国内外工程师，推进科技创新，开拓国际市场，走规模经营、外向型经济发展之路，争当先进生产力的代表；从不懂套路，到勇于面对各种困难，应对各种挑战，学会科学经营，进行现代企业管理，实施品牌、标准、专利的发展战略，争做现代经营大师；从低成本、低价格竞争，到应对国际能源、国内土地资源紧张，走科学发展之路，凤凰涅槃浴火重生，主动适应各种倒逼机制，争当科学发展的先行者。所有这些，无不展示了新生代宁波企业家勇立潮头、敢于亮剑、克难攻坚、勇创一流的顽强拼搏精神，其实质就是与时俱进、勇于探索、积极创业、善于创新、因势求变求胜的开拓创新精神。

纵观新老宁波帮成长史，新宁波帮在传承先辈商业伦理及人格精神的同时，分明也在与时俱进地为宁波帮精神注入新的元素与活力,同中求异,异中有同,正是这种"变"与"不变"的辩证统一,才使得宁波帮这个古老商帮在薪火相传的同时不断发扬光大!

好风凭借力,送我上青天。华龙凭借在电子行业系统领域的强大执行力,也凭借着多年来对电子行业的深入研究与理解,他们在创业的路上达到了火借风势,风助火威的效果。

如果细数一下华龙创业历程中的关键节点,第一个节点为1990年建厂,12个人创业,1991年陈亚龙卖掉两室一厅的婚房,换了4万元,凑足5万元成立无线电厂,然而连续亏损两年。第二个节点是1995年转制后年产值700多万元。第三个节点是1997年华龙公司成立。第四个节点是2004年第一次股份制改造,宁波无线电二厂参股45%,台湾人参股25%。第五个节点为2006年华龙销售额翻倍,在国内位居第一。2008年第二次股份制改革,华龙正式成为股份有限公司。2008年华龙有员工400多人,年销售额达4个亿,管理层有32个人持股。29年的风风雨雨,面对过濒临倒闭的窘境,挺过了无人注资的艰难,华龙吸引了无数的电子界大佬并为其所用,他们遇到了很多的对手并将其击败,他们合作了很多的商家且实现了互利共赢。华龙用创业不抛弃、不放弃的事实证明了自己的实力与地位。

创业者一方面要有激情,做爱做的事情;另一方面要听进别人的意见,该承认错误的时候要马上承认,马上放弃错的道路和方向。如果心中只有热情,却没有想法和渴望,就不符合创业者的气质。那些大财团投资其他公司,最关键的应该就是看准了那些有方向、抓透细节、聪明有激情又愿意接受别人意见的创业者,当然,他们要有完整、互补的团队,而且要有足够的执行力。

陈亚龙有着企业带头人的魅力,他经历的每一件事,熟知他的每一个亲友,记下了许多他们之间的情义故事。最让人感动的是,流淌在陈亚龙血液中的那份对电子行业的情怀。哪些人于他、于他的企业有奉献,他都携手同心,铭记。本书真实地记录企业,还原生活,讲述故事,保存华龙企业文化,记录企业力量。

天性自强

2019年,对于中国人来说,是值得祝贺的一年,这一年,中美贸易洽谈让世界人民重新认识了中国。2019年,对于华龙来讲,同样值得纪念,这一年,带着那颗跳动了29年的"中国制造"的心,华龙电子产品终于成功地走向了世界电子舞台。

华龙以雄厚的技术品牌积累,携手世界企业伙伴,打造出强大的电子产品集群,壮大了中国电子企业力量。

重塑中国创造的国际形象是中国所有电子企业共同的责任。以"中国制造"为中国人在世界电子科技制高点占据一席之地,是华龙的光荣,也是华龙的使命。华龙愿意尽已所能,携手中国电子产业链合作伙伴,凝聚中国电子智慧,爆发中国电子力量,共同促进这一宏伟进程。

陈亚龙出生在宁波横溪镇。

横溪镇位于浙江宁波鄞州区南翼,镶嵌于鄞东平原与金峨山麓之间,属山区半山区,距宁波市区22公里,东邻东钱湖,南毗奉化市,西接姜山镇,北枕云龙镇,有"鄞南福地,灵秀横溪"之美誉,亦是鄞州的五大建制镇之一。据《鄞县通志》记载:"因有溪横亘镇上,故得其名。"

横溪是一个孕育文化的地方。金峨山、大梅山山水形胜,风景秀丽,自古就是宁波的风景名胜。唐宋以前,横溪镇是通往浙南的主干道,历史上曾经繁华一时。梅福的大梅山仙禅,法常的大梅禅风以及怀海的百丈清规吸引着历代文人雅士、寻仙访禅者神游此地。宋代王安石任县令时,曾游历大梅山,宿于保福寺。南宋吏部尚书楼钥在《游大梅山》中写道:"为忆西京梅子真,人言羽化非沈伦;海滨古墓已无迹,山外高峰宁有神。"大梅禅风远播,其牛嗣东渡传承至日本。据《天童寺志》记载,大梅山护圣禅寺在唐宣宗大中元年(847)与天童寺、延庆寺同列为十大常住寺,按待各地神僧参禅。近代毛福梅寄住金峨寺达六年之久,蒋介石亦曾数次游历金峨寺,进香参佛。据史料记载,中国著名方士梅福因避王莽之乱,弃家求仙,曾隐居大梅山,自称"吴门市翠",现遗迹隐约可考。此后又因禅宗第九代传人百丈怀海和大梅法常相继在金峨山、大梅山创立了金峨寺和保福寺、护禅寺,使此区域成为禅宗嫡传系统的发祥地之一。

金峨山山势挺拔,峰峦叠翠,多奇岩怪石,溪涧跌水。大梅山五峰耸立,形如迎风怒放的五叶莲花。金峨山孤峰插云,状似展翅飞翔的天鹅,登临峰顶可远眺宁波城的繁荣景象,又可俯观象山港的海天一色。景区生态环境良好,植被完整,碧山幽谷,茂林修竹,青松翠柏,尽现自然山水之美。横溪穿流其中,清灵静谧的横溪湖;山花遍野,鸟语花香,犹如世外桃源。风景区景色随四季而显现出无穷的变幻,给人以自然造化的美的享受。

活泼多姿的宁波地域文化,犹如灵动的血液在横溪凹凸有致的庞然身躯里流淌着,如此丰盈跳跃,因而古镇横溪就有了一种千年不散的原生力,有了一种灵气和活力。

地域文化的特质,大都来自迥然各异的地理环境。横溪文化诚然如此。现在的横溪镇隶属宁波市鄞州区,地处鄞奉两地相交处,20世纪90年代初由原来的横溪、金峨、梅岭三乡合并而成。东面是碧波万顷、欲与杭州西湖媲美的东钱湖,翻越山岭,为鄞东塘溪、管江;南面为奉化莼湖、裘村,稍往前行,即可到达烟波浩渺的象山港,渡船向东为象山半岛,南走为宁海;西面为奉化白杜、西坞,是古菫子国和秦汉时鄞邑的治所;北面为鄞州的云龙、甲村,可以远眺甬城。由古及今,横溪一直是交通要道,南北走向的横溪大道尤为闻名,而横溪岭、亭溪岭、道成岭、徐盛岭等均为山道,无数政要文人、商贾草民或匆忙或悠闲行走其间。横溪地势南高北低,南部以金峨盆地为中心,东为白岩山、大梅山,西为金峨山、五峰山。两边的崇山峻岭孕育了横溪的母亲河——金峨溪,过大岙,流经西山诸岙直抵平原,改名为横溪后,穿越河头村,汇入前塘河,成为流向宁波的重要河流之一,而前塘河上的航船则成了这个古镇与宁波城相互沟通的主要交通工具。横溪文化的诞生、成长,就是那山、那道、那水的承载,和无数骚客草民遐思不绝的结果。

横溪多名山胜境。大梅山层峦叠嶂,风雨摇翠,保福平旷,一峰独秀,梅溪潺潺,龙潭迭现;金峨山挺拔高峻,峰回路转,神萝拥秀,山溪瘦曲,飞瀑悬泻;其他诸如高耸入云的白岩山,烟雾锁岚的白云山,擎剑刺空的百步尖山,秀丽盘桓的择阳山等等。还有匆匆奔跃的金峨溪,悠长温和的横溪,乘势跌宕的梅溪,蜿蜒流幽的亭溪,不一而足。好山好水吟好辞。横溪这一幅幅山水风景画轴,招引了众多文人墨客,激发了多少诗情文思,涌现了一大批佳辞华章。

一方山水养一方人,横溪历史上进士、举人不断,文章家、诗人屡出。直到现在,为官一方,经营实业,置身军界的人士为数不少,教授专家、善者乡贤辈出。走进每一个村庄,每一所学校,都能听到声名在外的俊杰英才。尽管这些横溪籍名人称不上名扬天下、誉满全球,但足以令横溪人引以为荣。这些优秀人物在丛书的每一分册里都有笔墨论及。名人辈出的基石使教育文化长盛不衰。横溪镇从古到今尊师重教蔚然成风。有史可鉴,河头村宋代蔡氏、陆氏重视私塾、科举,先后出过进士多名。四明大儒黄润玉在横溪创办了明代宁波最早的书院——南山书院,培养了一批经世济国之才。清末民国初期,横溪各村乡贤募资兴办小学,振臂云集,为民国时期和新中国初期横溪籍人才的涌现打下了基础。特别是正始中学迁址横溪以来的60多年间,为横溪及周边地区造就了一批又一批的人才,同时学校教育提升了当地民众的文化知识素养。文化横溪的业绩,正始功不可没。

存平等心,行方便事,则天下无事。怀慈悲心,做慈悲事,则心中太平。至今,横溪芝山村的60多岁的老人都能记得陈亚龙这个人,陈亚龙每年都要给村里60岁以上的老人发放慰问金。而每年春节发放给旧宅村老年人的慰问金,累计15万元人民币。陈亚龙累计给渔业村捐了15万元人民币,给横溪梅林村共捐了47万人民币(包含其中一笔修公路的资金),给正始中学捐了35万人民币。

仁德并举,力量共生。仁与德,力与量,辩证地平衡着陈亚龙与华龙力量的价值天平。

陈亚龙深知:财富取之社会,用之社会。他与蒸蒸日上的华龙电子都是属于华龙人的,属于社会的,属于民族的。

他是宁波很少见的吃住在厂里的董事长,从不改变,被誉为宁波电子行业常驻厂里的船长。

一棵根深叶茂、欣欣向荣的大树,在渐渐长成之后,将丰硕的果实归还给曾经哺育它的大地。

"我是农民的儿子,横溪人民的儿子,有责任去行爱心。我富了,但我认为,独乐不如同乐,不如造福一方乐而乐;独富不如共富,共同富裕方为富。"

"有人说,创业成功后应该去好好享受一番,这样心理才平衡。但我认为,只要能为社会多做一些贡献,即便意味着要吃很大的苦,心里也永远是平衡的。"

回顾过去,我们将"走遍千山万水,说尽千言万语,想尽千方百计,吃尽千辛万苦"这24个字作为老一代浙商创业精神生动的写照。这个概括生动形象,人人都会背,可见其影响之大、深入人心。

华龙掌门人更能吃苦耐劳,往往是别人吃七分苦,他就吃十分苦,付出十分的努力,他是宁波区域企业家,同很多企业家一样都具有这种"千辛万苦、千方百计"的品行。

陈亚龙魂系乡里,但他选择了在东钱湖创业。

东钱湖在古时候称"钱湖",以其上承钱埭之水而得名;又称"万金湖",唐代时称"西湖",当时县治在鄞山,湖在县治之西故名;宋代时称"东湖",因宋代时县治在三江口,湖居其东故名。

诏天宝年间,陆南金出任鄞县令,于天宝三年(744)相度地势开而广之,将湖西北部几个山间缺口,筑堤连接,形成了人工湖泊,据李墩《修东钱湖议》记载,当时共废田121213亩,筑八塘四堰,蓄水三河半,灌七乡十余万倾之田。

宋天禧元年(1017),王安石任鄞县县令后,又组织民众,订建湖界,疏浚水道,"起堤堰、决陂塘、为水陆之利"。经过苦营,东钱湖被治理得清波浩渺,若大镜悬空。自此,七乡之民,虽天气干旱而无凶年之忧。宋嘉祐年间(1056—1063),主簿吕献之重修六堤,即令之方家塘、高湫塘、梅湖塘、粟木塘、平水堰及钱堰塘。

东钱湖还有个美丽的传说,相传范蠡协力越王勾践平吴复越之后,功成名就,急流勇退,携西施隐姓埋名,搏击商海,成为家财万贯的富商。后改名陶朱公,偕西施隐居东钱湖畔伏牛山,并将自己的钱财用于接济乡民。后人为纪念范蠡,将伏牛山改名为陶公山。

东钱湖人史浩位列宰相时,屡次上奏朝廷为被秦桧陷害的岳飞申冤。史氏家族因匡扶正义、铲除奸佞而声名远播,留传下"一门三丞相、四世两封王"的佳誉美谈,史家留下的墓道石刻(现为国家级文物)亦填补了我国自秦汉以来墓道石刻的空白,极具史料研究价值。

英雄都是得失中取得。那年,陈亚龙高考差2分,与大学失之交臂。而当时的陈亚龙在寻找自己的出路时,也时时刻刻关注着创业的机会,心底开始点燃创业的激情。影响着他的人和故事很多。

高考失利,陈亚龙并没有气馁,只是怀着浓厚传统观念的父母似乎很是失望,因为那个时候,没有机会进一步学习深造,意味着事业上选择的道路变得更加狭窄。带着惋惜之情,陈亚龙被父母送到村办企业做模具学徒工,这个师傅是上海无线电八厂的高级技师。

源于一种对电子行业的热情与对梦想的执着,且跟着这样的师傅也是一种缘分,陈亚龙选择了坚守,再后来,陈亚龙选择在美丽的东钱湖镇创业。这里也是陈亚龙爱人的家乡。

创业那年,"无粮票没饭吃、无布票没衣穿",也正是有感于当时的现实环境。今天,陈亚龙回忆起创业初期的往事仍然会倒吸一口冷气:创业第一年是亏损,第二年还是亏损,最后手里已经拿不出钱的他没办法才选择卖掉家里的一室两厅的房子,获得4万元钱。

置之死地而后生。到了第三年,公司终于开始盈利,并且逐步建立起了成熟的客户群。第一个产品由南通晶体管厂做。那个时候,陈亚龙全家搬到厂里,成为他创业的一段佳话。

众人拾柴火焰高,聚沙能成塔、百炼方成钢。陈亚龙在创业路上遇到了很多的知己与伙伴,这为他事业上一步步走上巅峰奠定了坚实的基础。经过多年的苦心经营和认真钻研,2006年,陈亚龙主导的半导体引线框架产品已经位居全国前两位。

引线框架作为集成电路的芯片载体,是一种借助于键合材料(金丝、铝丝、铜丝)实现芯片内部电路引出端与外引线的电气连接,形成电气回路的关键结构件,它起到了和外部导线连接的桥梁作用,绝大部分的半导体集成块中都需要使用引线框架,是电子信息产业中重要的基础材料。

引线框架用铜合金大致分为铜—铁系、铜—镍—硅系、铜—铬系、铜—镍—锡系(JK—2合金)等,三元、四元等多元系铜合金能够取得比传统二元合金更优的性能,更低的成本,铜—铁系合金的牌号最多,具有较好的机械强度、抗应力松弛特性和低蠕变性,是一类很好的引线框架材料。由于引线框架制作及封装应用的需要,除高强度、高导热性能外,对材料还要求有良好的钎焊性能、工艺性能、蚀刻性能、氧化膜粘接性能等。材料向高强、高导电、低成本方向发展,在铜中加入少量的多种元素,在不明显降低导电率的原则下,提高合金强度(使引线框架不易发生变形)和综合性能,抗拉强度600Mpa以上,导电率大于80%IACS的材料是研发热点,并要求铜带材向高表面、精确板型,性能均匀,带材厚度不断变薄,都是行业中的高标准。

陈亚龙成长的道路充满艰辛,但这也磨练了他的意志。在浙江浓厚的经商氛围中,陈亚龙高中毕业后,在担任学徒期间也是天天都与电子产品打交道。

谈到昔日的学徒生涯,陈亚龙感慨地说:"学徒就要吃苦,还要耐得住寂寞。"这是陈亚龙年轻时最难忘的三年,这三年培养了他吃苦耐劳的精神,磨砺了他敢于迎接挑战的性格。"天将降大任于斯人也,必先苦其心志,劳其筋骨,饿其体肤,空乏其身,行拂乱其所为,所以动心忍性,增益其所不能。"陈亚龙始终坚信这一点。

如果你能容纳100人,你就能当连长;能容纳1000人,你就能当团长;心中有了千军万马,你才能够当将军。什么样的人是成功的人,应该是那些今天比昨天更有智慧的人,今天比昨天更慈悲的人,今天比昨天更懂得爱的人,今天比昨天更懂得宽容的人。

当然,宽容是有度的,过了度,就不叫宽容了,而变成了纵容。这个"度",首先是法度。比如,对违规违纪的人,如果你不对他依法惩处,那就叫枉法而不叫宽容。宽容是优势者的特权,没有优势,宽容就无从谈起。当然宽容并不仅仅是物质上的。在人们的日常交往中,宽容者所表现出来的,往往是一种精神上的优势,让人感觉到美德、气度和智慧。

那年,陈亚龙一年的工资是2000多元,在当时的农村,2000元可以盖一栋房子。陈亚龙把钱都留给父母,后来被乡镇企业聘请做技术工,属于七级技工,每月200元。而当时的宁波工资水平还在110元左右。

如同华龙生产副总忻忠勇所言:"董事长理解信任员工,便有了团队的和谐,才有今天的华龙战斗力。我们在董事长带领下有决心,也有能力为完善华龙电子产业链做出更大贡献,推动由中国制造向中国创造转变,成为电子业创造新格局的典范!"

1986年,忻忠勇清晰地记得,当时他还在宁波东方眼镜公司,公司底下有东方晶体元件厂,3台老式冲压机。他是从眼镜公司到了这个电子车间,跟着陈亚龙做学徒。

在车间,他和陈亚龙名义上是师徒,却有着兄弟般的感情。忻忠勇也是从基础学起,要学的知识纷繁复杂,而陈亚龙悉心教导、处处帮带,从来都是倾囊相授、诲人不倦,他们在那样的岁月里建立起了浓厚的师徒情、兄弟情,在往后的岁月里,即便是风雨再大,他们依然同舟共济。在事业上,一起走过来的华龙人目标一致:齐心协力共进退。

那段时间里,好学的陈亚龙从器械压制到打磨零件,从组装机器到安装调试,每一个步骤他都熟记于心,演练于手。他以常人难以想象的毅力,不显山不露水地利用一切可以利用的时间和机会,刻苦细致地钻研电子元件模具技术,并添加自己的想法,不断开拓创新。

陈亚龙立志做"华龙电子",除了想赢得世界对中国电子业智慧的尊重,更重要的是,他希望在祖国琳琅满目的电子产品中,在同等性价比下,国人能有选择自有品牌的机会,而不是像个孩子一样只能被动地等待外来支持。他始终相信,中国人有做一流电子研发的能力,也有兴高采烈地使用一流自有品牌的一天,而尽早让华龙成长,之后再辐射全国市场,就是他为这一天的到来必须要做的准备。

机会总是留给有准备的人。陈亚龙伺机而动,从不放弃任何一个哪怕是一闪而过的机会。

一年后,陈亚龙如愿以偿,终于获得了心慕已久的元件装备!这套元件装备陪伴了陈亚龙数年之久,曾经无数次在他失落时给他力量,在他就要放弃时给予他走下去的勇气。

也许是具有电子技术的天分,不到一年,陈亚龙就可以独自开展组装更新发明,质量全部合格。

英雄总是受人瞩目,曾经有人开高价请陈亚龙做高级工程师,但他婉言拒绝了。燕雀安知鸿鹄之志,陈亚龙在成绩面前从不自满。他决定自立门户,打下属于他的江山,年纪轻轻的陈亚龙,他的心里装的绝不仅仅是电子行业的高工位置,他希望在这个产业中有自己独立而崭新的天地,并用自己的智慧为更多的未来中国电子企业提供优质的产品。

心理学家达维多夫曾说:"没有创新精神的人永远都只能是一个执行者。只有敢为人先的人才最有资格成为真正的先驱者。"的确,蒸汽的现象如此普遍,可只有瓦特创造性地发明了蒸汽机;中国古代祭祀用的火药,在外国人的手中却催生出了枪炮;百年来被苹果砸中的人何止千万,可只有牛顿发现了万有引力定律。创新意味着梦想、惊喜和无限的可能,它就是格格巫手中的那一滴神奇魔水,能让女人青春永驻;它也是马良手中的神奇画笔,能让静物成真;它还是布恩蒂亚心中那炼铁成金的信仰,能带领整个拉美追寻百年的魔幻传奇。对于个人来说,只有具备了创造力,才能在未来世界找到自己的一席之地;而对于华龙来说,只有拥有了创新精神,才能在历史的洪流中穿越泥沼,占领高地。

扬帆起航

发展心理学讲人生,频繁运用"追溯"手段,因为据说人的性格、智慧、习惯,在7岁之前就已定论。所以,按照弗洛伊德的理论,人一生的性格甚至命运都在儿童时期就已经决定。中国也有句老话叫做"三岁看老",进而还演化出"抓宝"的习俗。虽然心理学界对弗洛伊德的理论一直有极大争议,而且中国的那句俗语和习俗也都缺乏科学依据,但人们对此却能达成共识:幼年的经历对一个人的影响是十分重要的,有些可能影响其一生。

1964年7月18日,陈亚龙出生,因生于龙年,父亲取名带龙,是普普通通的农民家的儿子,他是靠自己的努力、坚持、不抛弃不放弃一步步打拼走过来的。

农民的儿子早当家,仿佛是一个个预言的成真,生活就是一个熟语接着一个熟语的演练和发生。也有竞争者的打压几乎让他无处容身,好在他凭着"龙"的精神屹立不倒。

《读者》杂志里面有一篇文章叫《读书是一生的事情》,里面提到了这样一系列观点:"贵族家庭的孩子长大依旧是精英,而来自底层的孩子,包括他们的后代,依然常常与失业相伴""人脉、财富、教育等资源,会父传子,子传孙"。我很不习惯也不屑于"寒门再难出贵子"这样的负面言论,任何事物都有两面性。

放之当前的经济背景下,也许"寒门再难出富子",但绝不是"寒门再难出贵子"。

其实,真正的贵族精神从不与平民的精神对立,更不意味着养尊处优的生活,而是一种以荣誉、责任、勇气、自律等一系列价值为核心的先锋精神。

有人说,这是一个贵族不论出处的年代,也是一个贵族必论出处的年代。龟兔赛跑,如果兔子一直在拼命跑,结果不言而喻。

然而兔子之间也有区别,有勤劳的兔子,也有懒惰的兔子:不思进取的富家子弟照样坑爹坑得很厉害,有些明星大腕的后代,恰恰是因为生活在太优渥的环境中,没有太多的所谓生存压力,缺乏教养自律,欲壑难填、不思进取,沉迷于声色场所,甚至目无法纪,产生的恶劣社会影响不说,对家族苦心构建的体系也是极大的摧残。

乌龟之间也有区别,有的走走停停,有的却坚持不懈。寒门子弟更倾向于珍惜眼前来之不易的学习和成长机会,"赤脚的不怕穿鞋的",怀着挣脱一切束缚的豪迈,下定决心奋力拼搏,野蛮生长,最后长成参天大树。而且历经苦难的他们,生活上更容易满足,更容易感知和珍惜眼前来之不易的幸福。

储安平在其《英国采风录》中记述了他对英国贵族和贵族

社会的观察,他说:"但凡一个真正的贵族绅士,都看不起金钱……真正的贵族绅士正直、不偏私、不畏难,甚至能为了他人而牺牲自己,他不仅仅是一个有荣誉的、而且是一个有良知的人……贵族精神的实质是荣誉。"

当然,衡量阶层优劣、富贵高低的尺度不可能如此单一,主客观方面的评判是多元的。有以财富的多少划分的,有以职业类型区分的,也有以官阶高低衡量的,等等。我想说,人作为由内而外的一种存在,精神的富有也很重要。也许坐拥万贯家财的老板会挥霍无度、内心空虚,也许陋室简居的青年却精神富有、气定神闲。精神颓靡的兔子和意气风发的乌龟、站得高看得远的兔子和姿态低却不停爬的乌龟其实也有区别。

就生存层面而言,富人家的孩子早早地享受到了优越的环境、优越的配套、优越的生活,却在成年后越来越难以满足,直至空虚无聊。而穷人家的孩子童年可以接触到的就是父母的辛酸、环境的险恶、生存的不容易,也许从幼小开始就要学习和实践生存之道,也许长大以后,可能还在为富家子弟早就体验过的生活而满足,但同时也习惯了为更好的生存而奋斗,习惯性地保持着奋斗者的姿态。

就内在层面而言。富人家的孩子"素质"教育超前,家教、培训班、拓展营,过早结束了孩子少年的烂漫,成年后的生活也很可能模式化,构建事业相当于在父母搭建好的房梁和房柱上凭着自己的能力和父母的帮衬，不断地加高加固；穷人家的孩子一无所有，天真烂漫，辛苦心酸，由于缺乏生活阅历，生活和思维一片空白，长大以后，思维更不容易被束缚，虽然对于基本上没什么基础的他们而言，构建事业相当于万丈高楼平地起，但是更容易天马行空，见解独到，首创原创。

就财富层面而言，富家子女习惯了大进大出，而寒门子弟则更多地考虑细水长流，更容易积累财富且守住财富，更容易小心翼翼、稳中求进。一些起源于草根最后步入显贵的著名企业家正是因为在传承中励精图治才能历久弥坚。

"腹有诗书气自华"。选择什么样的人生关键在于自觉。在如今高度发达的信息时代，知识的获取更加便捷，娱乐的场所也越来越多，门槛也越来越低。电子图书、淘宝购书等平台各种经典、各种讲义五花八门、品种齐全，随随便便下载一个行业或领域的学习资料库可能就够一个人看一辈子才能消化完，何愁无书可读。然而科学和技术的进步代替不了头脑的进步，在知识唾手可得的新时代背景下，依旧是"人不学，不知道"。总之，脑中有货，方能心中不慌。

想要一心一意钻研一门学问、攻克一个领域，搜集学习资料不是一件很难的事情，难的是在嘈杂喧嚣的尘世中静下心来，品味学问，久久为功，提升自我，追求卓越。一个人一生只有短短的几十年，只需用心、专心坚持做好一件事，就一定会是大赢家。10年坚持做一件事你会成为一个专业的行家,20年做好一件事你会是这个行业的专家,一辈子做好一件事,无论曾经多么屌丝的你必定会让所有人都望尘莫及。

在陈亚龙的身上,我们能看到很多甬商具备的素质,比如创新意识、高度的责任感、使命感,以及坚韧、谦虚、勤俭的内在精神。我们欣赏他身上无时无刻不透露出来的睿智和沉稳,同时也越发意识到,不管是哪种品质,都是他在上下求索、左右奔波的学习过程中,苦心专注积累而成的。韩愈说:"学知不足,业精于勤。"屈原说:"路漫漫其修远兮,吾将上下而求索。"寒门也能出贵子,英雄何必论出处,陈亚龙一直这样身体力行。

东钱湖的湖水奔流向前,永不停息,它见证了陈亚龙美好的童年,见证了陈亚龙敦厚壮志的少年和扬帆起航的中年。

创立基业

聪明人不甘于平庸,能吃苦的人不怕困难,如果一个人既聪明又能吃苦,那他必然会成就一番事业。其实,吃苦精神本来就是聪明的组成要素。只有聪明人才知道什么时候需要吃苦,要吃什么样的苦,吃这样的苦能获得什么。只有心中清楚了这些,才可能坚持吃苦。

很多的成功企业家都是从白手起家打拼出自己的一番天地的,他们向我们证明,只要肯吃苦,脚踏实地,成功并不是遥不可及。

　　陈亚龙和华龙的成长,也一直是在完全竞争的状态下。他们没有谋求特殊的政策优惠,没有寻求过分的地域保护,他们相信品质优秀是市场经济中最大的法宝,他们从自我奋斗中起步,但并不自我封闭,而是积极寻求一切可能的合作。比如最初阶段的代工,帮人做小零件、做零散配套,利小不为耻;然后发展到与人合作建工厂、做成品、搞研发,风险多而不胆怯;现在又千方百计与国际品牌供应商、渠道联合起来打造多方达大平台,构筑起新型的商业模式,头绪杂而不厌烦。

　　陈亚龙和华龙的成长,正是诚信、自尊、责任和开放的最佳注脚。

　　如同一种宿命,相互联系,却又看似毫不相干。众所周知的桥段是,陈亚龙的财富和父辈并无直接联系——他的韧劲也是新一代浙商所具备的,似乎是为了证明一个结果。浙商主要特点为:“舍得”“和气”“共赢”“低调”“敢闯”。1978年中国改革开放后,浙商迅猛发展,浙商在长三角改革中创造传奇。

　　优秀者,天助之。在面对变动的时候,陈亚龙没有动摇,没有气馁,而是以积极负责的态度寻求新的出路,家庭作坊很快形成了规模,陈亚龙要在这个新行业内开创属于自己的天地。

　　学徒生涯中陈亚龙从来都不会忘记观察商机。为了证明自己的实力,陈亚龙决定到更大的市场上搏击,当时的“白沙”已经装不下他跃跃欲试的创业之心。1990年,陈亚龙决定另起炉灶。经过一番考察后,陈亚龙带着几个人租了2间几十平方米的平房和三间楼房,创办了钱湖无线电配件厂,开始涉足电子行业。

尽管对于很多人来说,创业之初的艰辛是无法避免的,但年轻的陈亚龙却懂得以诚信经营赢得客户认同的道理。因此,无论日常工作多么辛苦忙碌,陈亚龙总是一切以满足客户需求为中心,扎实做好客户的服务工作。

刚刚创业,陈亚龙马上受到了原来竞争对手的打压,他们联合上海一家原材料厂对陈亚龙从源头上进行垄断控制。没有原材料,巧妇难为无米之炊。"一切以满足客户需求为中心,一切为了客户满意。"即使在今天,陈亚龙平时对公司员工说得最多的也是这"两个一切"。当时他只是一个二十几岁的毛头小伙子,却有这样的理念与胸襟,实属难得。人们渐渐地开始认识这个年轻人,知道和他合作准没错的。"这个年轻人,不简单!"不知不觉中,陈亚龙突破重围,他在行业的口碑开始在客户中蔓延。

"不积跬步,无以至千里。不积小流,无以成江海。"所有的成功也都是从小想法开始的。陈亚龙也一样,现如今数亿身家的他,谈起最初创建华龙的想法时,曾这样说:"我最早的一份工作就是学徒,学徒就是干好自己的本职工作,把技术学精。"这样简单朴素的想法,也许就是陈亚龙创建华龙的内在动力之一。怎能想到,他以后的人生会跟他年轻时不经意的想法产生这样微妙的联系。他怎会想到,29年后,他会成就卓越,人生上升到另一个高度。

　　凭借着诚信经营的法则,陈亚龙的电子配套元件做得风生水起。几十平方米的平房在几年间不断地扩张……陈亚龙的企业一度成为当地电子元件配套最大的生产厂家。1993年,洛阳铜加工厂需要电子元件配套产品,对方是国企。大功率的材料需求跟上后,陈亚龙开始逐渐拿到原材料,企业步入正轨。

　　"当时,只要提到陈亚龙和他公司的电子元件产品,几乎大家都知道。"同行对此有着清晰的印象。而为了达到这一切,陈亚龙付出了自己年轻时期所有的事业激情和热血。

　　为了让客户持续满意,陈亚龙给自己和团队定下了"一切为了客户满意"的服务承诺,即使客户要求再高,也要服务到客户满意为止。

　　南通晶体管厂、山东晶体管厂、辽宁晶体管厂,全国订单蜂拥而至,水到渠成般地帮助陈亚龙的企业在行业里建立起了良好的口碑。

　　轰轰烈烈的电子行业曾造就英雄无数,然而当市场低迷,各路英雄鸣金收兵之时,华龙电子能不能迎难而上?这是胆识,也是在考验陈亚龙多年的技术沉淀。

　　在陈亚龙眼里,势者,实也。一个企业在行业里的"势",或者说影响力,最终是需要依靠实际行动来促成的;最善谋势者,也是最能造实者;说老实话、办老实事、做老实人,是企业获得市场和客户信任的不二法则;一个企业如果想依靠投机取巧或华而不实来取悦市场,最终还是会被市场所淘汰。

厚积而薄发,应势而后发。不可否认,正是在"诚信经营、客户为尊"的经营理念下,创业之初的陈亚龙在市场上赢得了口碑。这种来自客户之间口口相传的影响,其价值远远高于任何一个广告。

这些年来,他带领着他的华龙艰难前行,过程中有艰辛曲折,有喜悦感动,有教训收获,也有领悟理解。商场如战场,陈亚龙看过丢盔弃甲,见过折戟沉沙,但他一直坚持前进,他的华龙便是那沉舟侧畔的千帆之一。与此同时,陈亚龙在中国电子领域看到了新的前景,于是他创建了今天的华龙。

在陈亚龙的经营理念里,无论是满足市场需求还是创造市场需求,企业的产品始终必须与市场的需求密切联系、紧密对接;假如产品与市场"脱节",那么再好的产品也难以形成销售。

如果能够研制出生产效率相当且性价比更高的替代国外进口元件,那么不就能解决国外垄断的难题了吗?此时,陈亚龙敏锐地意识到,一个巨大的中国创造产业蛋糕已经到来,时代正赋予中国电子企业一个千载难逢的市场机遇。

在随后的几年里,他围绕市场和产业的不断升级,研发的TO92电子元件在宁波落地,当时在电子行业引起不小的轰动。

20世纪80年代之初,国内用的电子元件框架都是进口的,但这样的消息并不能动摇陈亚龙坚定的心:外国人是人,中国人也是人,外国企业能做的,中国的企业难道就做不了吗?"我就不信这个邪!"正是凭着一股不服输的精神,陈亚龙开始了艰难的中国创造尝试。

技术含量高、研发成本高、生产成本高被认为是产品本身的壁垒,而市场的壁垒则是电子在中国市场已经形成的垄断地位。

已经习惯了简单的加工制造型业务的企业,能在依靠技术进行竞争的电子行业站住脚吗?面对拥有短则数十年,长则百余年的其他国家的电子配套产业,一个后来者的中国创造能有多大胜算?

陈亚龙一头扎进去,带领研发团队开始集体攻关、集中研发! 一定要让国产代替进口! 这一点,在后来得到证明和检验,陈亚龙一直在努力!

陈亚龙在创业路上遇到过很多志同道合的伙伴,2006年,华龙的半导体生产水平已经位居全国前2,新品开发,都是同行里面定点的。模具自己开,第2电镀线的工艺特点在国内很有名气,从国外引进电镀技术,后来复制,自己申请专利,实现大规模集成电路国产化。2013年华龙成为专利示范企业。

即使在今天,当我们回望陈亚龙当年的选择时,依然有足够的理由让我们肃然起敬——在一个并不以基础学科和高科技见长的国家,尤其是在一个依靠代加工和简单制造的区域环境中,这种坚持科技创新实现产业突围的精神,这种抛开原有产业基础转而进入一个相对陌生的领域的敢于创新、敢于挑战的开拓者信念,无疑值得尊重。

陈亚龙创建华龙电子,有着自己的想法,他要走跟别人不一样的路,希望有朝一日能走出自己的路,而不是一直为别人做嫁衣。没想到他的这一想法与企业高层不谋而合,在电子产业摸爬滚打多年的陈亚龙对中国电子业的未来充满信心。

陈亚龙和华龙就这样紧紧联系在一起,人们已经说不清楚,是陈亚龙创造了华龙,还是华龙创造了陈亚龙。

都说时势造英雄,小打小闹的成功或可凭一己之力,可要完成大业却少不得要借助时势的推动。

有人曾说:"人会认识宇宙,然而却不认识自我,自己比任何星球都来得遥远。"特莱斯也说:"人生最困难的事情就是认识自己。"是的,比起谈论他人优缺点时的头头是道,认识和分析自己,常常会变成水中望月、镜中观花,很难识得其庐山真面目。对此,陈亚龙也不例外。恐怕很少有人知道,这个未来在电子行业可呼风唤雨的男人,最初也是从学徒工做起的。

人的一生有很多重要的时刻:洞房花烛夜,金榜题名时,诸如此类。然而,有一个时刻我们谁都难以记起,却谁也不能忽略。那一刻就是婴孩时期的我们,第一次脱离学步车的支撑,凭借自己的力量站立起来,以一副蹒跚却又顶天立地的姿态向世界宣布：我站起来了。那一刻是神圣的，它标志着从彼时起，我们可以像所有的成年人一样，展示我们人类作为高级动物区别于其他动物的属性：直立行走。经营企业如同经历人生，新生儿华龙电子也经历了婴儿学步的历练，才最终站直身体，确立自己在行业中的地位。带领员工一关一关过，一点一滴地长经验，掌握游戏规则。陈亚龙跟他的团队经历了异常艰辛的创业期，他们凭借顽强的信念跟不懈的坚持在一次次的研发再研发、重来再重来中顽强起身，最终华丽转身。

一个企业家抑或一个企业将取得怎样的成就正取决于他对自身的定位也取决于他背后的支持和家庭。

妻子和家庭，是陈亚龙的"左膀右臂"，一家人为华龙电子鞠躬尽瘁。为了不让陈亚龙在事业上分心，妻子和家庭的活动都显得比较悄无声息。

心理学教授威廉·伯莱克也说："大量的研究表明，家庭生活经历以及我们和父母的经历不仅会影响我们的个性，还会影响我们的公司人格，无论是作为领导者还是跟随者。"

现代社会，良好的女性特征得到社会的推崇，即会关心人、体贴人，有良好的同情心、善意；而良好的男性特征，即独立、自主、坚强、果断、自信，与人合作、有进取心等也是社会对人的要求。

陈亚龙基本具备了良好的男性特征。在商场上叱咤风云，并不意味着在家庭里冷若冰霜,陈亚龙对待事业和家庭刚柔并济,恰到好处。他既是严夫,又是慈父;既是体贴的好丈夫,又是家人的坚强靠山。

研究表明,父亲对孩子良好个性品质的形成具有极大的促进作用,是孩子良好个性品质的重要源泉。父亲通常具有独立、自信、自主、坚毅、勇敢、果断、坚强,敢于冒险、勇于克服困难、富有进取心、富有合作精神、热情、外向,开朗、大方、宽厚等个性特征。孩子在与父亲的不断交往、相互作用中,一方面接受影响并且不知不觉地学习、模仿;另一方面,父亲也自觉不自觉地要求孩子具有以上特征。陈亚龙给他的孩子做了个好榜样。

在陈亚龙的眼里,家是永恒的。

虎父无犬子,儿子先是考上了重点高中,后去英国伦敦大学留学,专业为电子工程学,历时6年,学成毕业后回到了陈亚龙身边。

锲而舍之,朽木不折;锲而不舍,金石可镂。夫妻患难见真情,再没有别的事情比这份情谊更贵重的了。陈亚龙逢场合必要夸赞自己的妻子:没有家人支持,就没有华龙电子,更没有华龙电子今日的辉煌。

无论妻子如何繁忙,当陈亚龙辛苦一天回到家时,妻子总会为他端上一杯热气腾腾的清茶,用鼓励和信任的眼光看着丈夫。从妻子关爱的眼光里,陈亚龙找到了自信和源源不绝的力量。在妻子心里陈亚龙一向是个宽容而自信的人,"当宽容和自信结合到同一个男人身上的时候,就称得上是一个完美的男人、一个很有魅力的男人,他就是这样"。

华龙电子有今天的成功固然是很多因素共同促成的结果,而陈亚龙在公司低谷时依然选择坚持下去,无疑是成功路上最重要的一环。他用人不疑的管理态度和家庭后方默默的付出与支持无疑给了陈亚龙更自由的空间,也给了华龙更顽强的生命力。也许这就是成功的商人理应具备的素质,这就是管理企业必定经过的思考。我们现在看到的是光环下熠熠闪光的陈亚龙和雄霸一方的华龙电子,然而,这一切,一定没有我们看上去那么简单。

经过几年的积累,华龙电子已经拥有了一定的技术优势,创新的概念也已渐渐地深入人心。陈亚龙意识到代加工的力量还太薄弱,在产品销售、品牌推广等方面与大公司差距很大,所以他选择了为大公司代工,做幕后英雄。

陈亚龙出身贫寒白手起家,从一个零件一个零件的敲敲打打,到举债开办工厂,从一个农民成长为企业家,也恰好证明了我们国家安民富民政策的对路,证明了让创富源泉充分涌流的发展方针,让每一个原本平凡的人有机会变成财富英雄。陈亚龙卖房续厂,坚持诚信,坚持创业热情,他事业发展迅速的同时,着力行业联合,回报乡邻社会,最终让华龙稳健腾飞。这也充分证明,陈亚龙做人做事的原则得了到社会的褒奖。

绝不轻言放弃

一部激荡人心的电影、一首撩人心弦的歌曲、一篇严肃深沉的小说，或许它们在类别、载体、表现方式上全然不同，但至少在一点上它们是相通的——那就是引起审美对象的无限思考，在事态和情节的发展变迁中，探寻意义与经验。人生不也是这样嘛，起承转合、一波三折，不管对象是自己还是别人，总能在经历中提取经验和法则。从陈亚龙的创业经验、人生经历中，我们又能看到怎样的品质和智慧呢？抓住这些，或许，也就抓住了精髓和本质。

若一定要我在自己浅陋的阅读体系中评选出最具英雄姿态的意想，我想《老人与海》中的桑迪亚哥一定是"小说英雄人物史"中最耀眼的明星，且没有"之一"。面对这样的老人，除了在心底为他奉上一座神像，日日行注目礼之外，我们还能做什么呢？我们为于连的反抗动容，为默尔索的抗争称快，但当这一切的斗争换成了一个行将就木的枯槁老人时，震撼和耐人寻味的力量就越发蓬勃欲出了。

故事的情节很简单：一位老渔夫连续84天没有捕到鱼，第85天独自驾小舟出远海，经过三天两夜辛苦的较量，终于捕到了一条大马林鱼，但在回归途中一再地遭遇鲨鱼袭击，本已精疲力竭的老人不得不再次搏斗，最后老人捕的大鱼被吃得只剩下残骸，老人被渔民救回。在对《老人与海》的研究中，有许多不同的说法——个人英雄主义，人与人共存的关系，人与自然的关系，等等。但在我看来，我们完全没有必要如此"象征主义"，这就是一场简单的抗争，一场与自我、人的尊严、人的精神所能达到的极限的抗争。桑迪亚哥用实际行动告诉了我们：人可不是造出来就要给打垮的，任何时候，我们都不能轻言放弃。

人取得成功的条件固然包括天赋、机遇和良好的心态，但"决不轻言放弃"的精神也必定是不可缺少的一环，它指导人们在逆境和挫折中加倍努力攻克难关，而纵观陈亚龙的创业史，这一点尤为重要。多年来，在大大小小、主流或非主流的报道中，"决不轻言放弃"就像陈亚龙的微笑一样，已然成为他最具个人化的标签。就连陈亚龙本人都这样评价自己："我相信对的事情就要坚持做下去，能够把成功的包袱丢掉，否则很难向前移动。"

著名心理学家威廉·詹姆斯曾经说过："我们生活的这个世界是由两类人组成的，一类是意志坚强的人，另一类是意志薄弱的人。后者在面对困难和挫折时，总是选择逃避、畏缩不前，他们极易受到伤害，从而灰心丧气，放弃了自己的希望，等待他们的也只有痛苦和失败；意志坚强的人则完全不同，他们内心有着一股坚强的特质，在面对困难时，他们仍有勇气承担外在的压力和考验。"

世界上没有做不好的事情，只有信念不够坚定的人。正如高尔基所说:"只有满怀自信的人,能在任何地方都怀有自信,沉浸在生活中,并认识自己的意志。"

众所周知,成功需要一个漫长而艰苦的过程,胜利者往往是那些能够坚持到最后的人,他们的成功并非依靠力量而是韧性,即"不抛弃,不放弃"的精神。然而,我们总是容易被结果所吸引,却看不到成功背后的坚持。所以有人总结道:"成功的人并非一定是最聪明的人,但一定是在所有人都放弃的时候,还能继续坚持的人。"

就从这个时候起,"决不轻言放弃"深入了陈亚龙的骨髓,如同信徒对待信仰,功利和目的都变得无足轻重了。不管"坚持"是否能带领陈亚龙走向事业的巅峰,他知道,这都将是他指导人生和面临困境的不二选择。

跟众多的成功浙商一样,陈亚龙的经历就是一场对耐心和毅力的完美诠释,在陈亚龙创业背水一战的情境里,我们看到了个人意志的神奇魅力。

第二篇 龙的引领

创新之路

没有播种,何来收获;没有辛劳,何来成功;没有磨难,何来荣耀;没有挫折,何来辉煌。

天下的事情,没有轻轻松松、舒舒服服就能够获得成功的,凡事一定要经过苦心追求,才能明了其中的奥妙而有所收获! 但在"创新"这一点上,华龙人的基因肯定在延续。

其实,人生可选择的道路有很多,可能有你喜欢走的,可能有你希望走的,可只有一条是最适合你走的。这就像是德尼摩定律告诉我们的:凡事都应该有一个可安置的所在,一切都应在它该在的地方。每个人只有在社会上找到了那个最适合自己的位置,走上了那条最适合自己的道路,才能发挥最大的潜力,实现最大价值。

从小小的学徒工到自己办厂,陈亚龙作为企业家的风范初步显露出来。以积极的态度面对工作,以认真的态度执行工作,陈亚龙一以贯之的原则终于获得了回报。在他给这些企业带来新的生机,给这些企业的员工带来希望的同时,这些企业也回报了他许多。这个许多不是指金钱上的回报,而是对他事业成长的回报。

曾经有外国的医学专家说过,世界上最好的外科医生在中国。这并不是因为中国的医学有多么发达,中国的医疗科技有多么先进,而是因为中国的外科医生能够接触到最多的病例。这同时也说明了从每百人拥有医生数这个指标来看,中国的医疗卫生体系是落后的。相比外国专家一年才能进行几次手术,中国普通的外科医生一天就有可能进行好几台手术。丰富的临床经验是再发达的医学技术、再先进的医疗设备也取代不了的。

而对于中国的企业家来说,在改革开放之初能接触到的众多等待挽救的中小企业,就是他们最好的"临床案例"。这些"土鳖""草根",没有接受过正统专业的学习,仅依靠天赋和勤勉。他们能在市场经济的浪潮中站稳脚跟,海阔鱼跃,和他们丰富的经验有着不可分割的关系。企业要大发展,惟有创新——这是以陈亚龙作为技术者的华龙人用事实证明了的真理。

创新是企业成功的关键,企业经营的最佳策略就是抢在别人之前淘

汰自己的产品。华龙在倾力研发生产晶体管的同时,对集成电路技术的
新动向、新发展也十分关注。

有人以形象的"两个千万"来形容中国制造的巨大威力——"千万不
要让中国人知道怎么做,中国人在做的千万不要做"。然而,技术创新与
中国制造一旦结合,"中国智造"则将给世界带来震惊。

尽管与来自德国、日本等国的电子企业相比,华龙在电子行业的历
史仍显稚嫩,但这并不妨碍掌握了自主技术创新能力的华龙在激烈的市
场竞争中确立自己的规模优势和竞争优势:2010年,华龙开始在江苏建
立泰州华龙生产基地;中国电子产量已创造纪录,并且这种纪录正被华
龙不断刷新;在全球电子行业的集聚地——中国,华龙的市场占有率最
高;品种繁多、业内兼并,并完成海外战略合作布局。

在2004年的电影《天下无贼》中,贼头黎叔的那句名言相信很多人
都记得,他戏谑的说话方式丝毫不影响这句话本身的正确性和严肃性。
他说:"你知道,21世纪什么最贵?——人才!"是啊,从某种意义上来说,
人才才是整个企业的核心和未来。陈亚龙早在创业初期就意识到了这一
点,所以,在下定决心准备自己做强后,他要做的第一件事就是招揽人才。

华龙人知道:只有与强者合作,弱者才能变强,强者也会更强。

而所有值得骄傲的数据背后,则是华龙电子在技术研发上的有效整
合和持续投入:每年以销售额3%以上的专项资金用于产品研发,与北京

大学、外籍专家及科研团队配合进行技术开发。请进来,送出去,所有这些,都使华龙电子始终保持在一个相对较高的水平。

创新是企业发展的不竭动力,一个企业只有不断地推出新技术、新产品,才能在激烈的市场竞争中立于不败之地,才能引领行业发展。公司从组建到现在,一直秉承"科技创造效益"的观念,从未停止过技术创新的步伐。2007年,华龙电子组建了工程技术中心,每年将产值的3%以上的资金作为研发经费,研发资金的巨额投入,结出丰硕成果。目前,华龙已独立拥有36项实用新型专利,2项发明专利,并有6项专利正在受理中。2007年华龙承担国家信息产业部发展基金一项,2008年、2009年国家火炬计划一项,2009—2010年承担国家科技部重大02专项(宁波唯一的一家企业),并得到国家财政部研发奖励基金700万元。

只要认准了一件事儿,就应该坚持到底。虽然人人都有渴望实现理想的内在驱动力,但在现实生活中却并不一定每个人都能够做到这一点。而只有那些能够做到认准一件事儿就坚持不懈、善始善终的人,才能最终踏上一条走向成功的道路。

事实上,从华龙最初开始发展规模时,华龙人就已经认识到,迅速打开市场的唯一出路就是掌握技术的高端领域。

潜心打造属于华龙的一流技术,不断完善企业独立自主的研发能力,是华龙在竞争中立于不败之地的关键所在。而技术创新给产业带来最为直观的变化是——在过去长期被国外垄断的中国电子产业,正是因为以华龙为代表的国产配套企业在近几年间的快速崛起,才使得越来越多的中国电子企业有了更好的选择——性价比更高、服务更到位的华龙电子成为多数电子企业的第一选择对象,华龙由此也快速成长为中国电子行业中唯一能够与世界电子品牌抗衡的研发型企业。

技术创新的领先还为华龙赢得了诸多回报:越来越多的拥有自主知识产权的高新技术被不断运用到世界顶级客户配套商,各项专利、重要科研成果吸引社会各界人士纷至沓来;针对市场需求迅速推出性能稳定、品质卓越的产品使得竞争对手难望项背……所有这些,都为华龙电子的发展及华龙电子元件品牌在国内及国际的知名度奠定了坚实基础。

中国是电子元件配套大国,也是全球电子产业的重要生产和加工基地。应该说,这是华龙电子在过去取得比较好的发展的基础,但伴随着行业的发展,以华龙电子为代表的更为先进的加工新设备开始出现,竞争也发生了新的变化。2000年,华龙购买了2台运用台湾最新技术的设备,投入了电镀自动生产线,陈亚龙意识到,传统的机器模具在很多技术提升方面已经遇到了难以突破的瓶颈,同时,劳动用工及原材料等成本不断攀升。虽然国家一直主张诸如电子这样的劳动密集型产业向中西部地区转移,但由于产业集群现象明显,加之人才因素、物流因素、消费市场因素等等,产业的转移并非易事。居高的劳动力成本以及较低的人工生产效率已经使得一些电子生产厂家丧失了创新优势。

传统行业要有所发展,必定要借助高科技手段进行提升。华龙电子的出现及技术上的不断完善,在陈亚龙看来就像黑白电视转换为彩电、传呼机转换为手机一样,微信成为交流的工具,对一个行业来讲很有可能是一种不可逆的发展趋势。

但正是基于对产业未来发展趋势的准确判断和对自身发展的信心,陈亚龙最终还是把他多年的经营积累全部投入华龙电子的研发中。他一直强调:不论花多少代价,我都要占领技术市场。这是华龙电子产品领先的最根本的要求,也是未来华龙电子产品发展的方向。

高中物理课上讲,力是相互的。其实,把这个定律放在经营学上讲,也是行得通的。华龙在成长,同样,陈亚龙也伴着公司一同在成长。在成长的过程中,企业遭遇过坎坷,也创造过喜悦,正是这林林总总的经历,使得陈亚龙在日后提炼出了行之有效的经营理念和人生信条。

在这些理念和信条中,凡事"追根究底"是陈亚龙最为看重的。因为它不仅是浙商在企业经营上传递的巨大财富,而且在实践中,它也屡次证明了自己的价值。

陈亚龙创办企业,每每遇到问题,他总是会拿出浙商那种"刨根问底"的劲儿追根溯源、解决痼疾。从做组装到检测,陈亚龙事业上的每一次重大突破都意味着成功跨越了一次艰难险阻,而在面对这些艰难险阻时,若不是"追根究底"的精神支撑,他怕是走不了那么远的。实践的真知让陈亚龙更加相信"追根究底"的价值,以至他要求所有员工:"不仅出错的时候我们要追根究底,就是结果还不错的时候,我们也要深入一层,探寻一下是不是还可以再改善,不能满足于现状。"

如今,"追根究底"已经成为华龙的一种常态,陈亚龙要带领着华龙走向更美好的明天。

除了追根究底,"永续经营"也是陈亚龙在企业经营中逐步确立的理念。

集成电路发展史

1947年12月23日,美国新泽西州墨累山的贝尔实验室里,3位科学家——巴丁博士、布莱顿博士和肖克莱博士在紧张而有条不紊地做着实验。他们在导体电路中正在进行用半导体晶体把声音信号放大的实验。3位科学家惊奇地发现,在他们发明的器件中通过的一部分微量电流,竟然可以控制另一部分流过的大得多的电流,因而产生了放大效应。这个器件,就是在科技史上具有划时代意义的成果——晶体管。因它是在圣诞节前夕发明的,而且对人们未来的生活发生了巨大的影响,所以被称为"献给世界的圣诞节礼物"。这3位科学家因此共同荣获了1956年诺贝尔物理学奖。

晶体管促进并带来了"固态革命",进而推动了全球范围内的半导体电子工业。作为主要部件,它及时、普遍地首先在通讯工具方面得到应用,并产生了巨大的经济效益。由于晶体管彻底改变了电子线路的结构,集成电路以及大规模集成电路应运而生,如此,制造像高速电子计算机之类的高精密装置就变成了现实。

集成电路是一种微型电子器件或部件。采用一定的工艺，把一个电路中所需的晶体管、电阻、电容和电感等元件及布线互连一起，制作在一小块或几小块半导体晶片或介质基片上，然后封装在一个管壳内，成为具有所需电路功能的微型结构；其中所有元件在结构上已组成一个整体，使电子元件向着微小型化、低功耗、智能化和高可靠性方面迈进了一大步。它在电路中用字母"IC"表示。集成电路发明者为杰克·基尔比（基于锗（Ge）的集成电路）和罗伯特·诺伊思（基于硅（Si）的集成电路）。当今半导体工业大多数使用的是基于硅的集成电路。

20世纪50年代后期到60年代发展起来一种新型半导体器件，它是经过氧化、光刻、扩散、外延、蒸铝等半导体制造工艺，把构成具有一定功能的电路所需的半导体、电阻、电容等元件及它们之间的连接导线全部集成在一小块硅片上，然后焊接封装在一个管壳内的电子器件。其封装外壳有圆壳式、扁平式或双列直插式等多种形式。集成电路技术包括芯片制造技术与设计技术，主要体现在加工设备、加工工艺、封装测试、批量生产及设计创新的能力上。

我们知道任何发明创造背后都是有驱动力的，而驱动力往往来源于问题。那么集成电路产生之前的问题是什么呢？我们看一下1942年在美国诞生的世界上第一台电子计算机，它是一个占地150平方米、重达30吨的庞然大物，里面的电路使用了17468只电子管、7200只电阻、10000只电容、50万条线，耗电量150千瓦。显然，占用面积大、无法移动是它最直观和突出的问题；如果能把这些电子元件和连线集成在一小块载体上该有多好！

我们相信，有很多人思考过这个问题，也提出过各种想法。典型的如英国雷达研究所的科学家达默，他在1952年的一次会议上提出：可以把电子线路中的分立元器件，集中制作在一块半导体晶片上，一小块晶片就是一个完整电路，这样一来，电子线路的体积就可大大缩小，可靠性大幅提高。这就是初期集成电路的构想，晶体管的发明使这种想法成为可能，1947年美国贝尔实验室制造出了第一个晶体管，而在此之前要实现电流放大功能只能依靠体积大、耗电量大、结构脆弱的电子管。晶体管具有电子管的主要功能，并且克服了电子管的上述缺点，因此在晶体管发明后，很快就出现了基于半导体的集成电路的构想，也就很快发明出集成电路。杰克·基尔比（Jack Kilby）和罗伯特·诺伊斯（Robert Noyce）在1958—1959年间分别发明了锗集成电路和硅集成电路。

集成电路已经在各行各业中发挥着非常重要的作用，是现代信息社会的基石。集成电路的含义，已经远远超过了其刚诞生时的定义范围，但其最核心的部分，仍然没有改变，那就是"集成"，其所衍生出来的各种学科，大都是围绕着"集成什么""如何集成""如何处理集成带来的利弊"这三个问题来开展的。

硅集成电路是主流，就是把实现某种功能的电路所需的各种元件都放在一块硅片上，所形成的整体被称作集成电路。对于"集成"，想象一下我们住过的房子可能比较容易理解：很多人小时候都住过农村的房子，那时房屋的主体也许就是三两间平房，发挥着卧室的功能，门口的小院子摆上一副桌椅，就充当客厅，旁边还有个炊烟袅袅的小矮屋，那是厨房，而具有独特功能的厕所，则需要有一定的隔离，有可能在房屋的背后，要走上十几米……后来，到了城市里，或者乡村城镇化，大家都住进了楼房或者套房，一套房里面，有客厅、卧室、厨房、卫生间、阳台，也许只有几十平方米，却具有了原来占地几百平方米的农村房屋的各种功能，这就是集成。

当然现如今的集成电路，其集成度远非一套房能比拟的，或许用一幢摩登大楼可以更好地类比：地面上有商铺、办公楼、食堂、酒店式公寓，地下有几层是停车场，停车场下面还有地基——这是集成电路的布局，模拟电路和数字电路分开，处理小信号的敏感电路与翻转频繁的控制逻辑分开，电源单独放在一角。每层楼的房间布局不一样，走廊也不一样，有回字形的、工字形的、几字形的——这是集成电路器件设计。各楼层直接有高速电梯可达，为了效率和功能隔离，还可能有多部电梯，每部电梯能到的楼层不同——这是集成电路的布线……

（吴成涛：《论集成电路》，《科普中国》2003年11月第129页）

谦虚是一种竞争优势

陈亚龙说,家庭的氛围给了他最早的有关谦虚的教育。

陈亚龙出生的时候,父亲和母亲在乡里乡亲面前都很谦虚。他成立了华龙公司,事业发展蒸蒸日上。尽管生活已经相当宽裕,但陈亚龙还是个谦虚、简单的人。生活中,他不讲究排场,在企业管理上,他更是秉承着谦虚、谨慎的态度,他会认真倾听每一个员工的意见,也会不断学习新的管理知识和文化。

上学的时候,陈亚龙就时时用谦虚的态度要求自己。就算是考试考好了,也绝不骄傲;面对比自己优秀的同学,更是会虚心请教。

到了创业的阶段,陈亚龙身上谦虚的精神更加表露无遗。要知道,电子行业的专业性很强,要在专业性这么强的领域当好领导者本身就是一件困难的事,而对电子学徒出身的陈亚龙来说,这更是难上加难。如何才能领导好一群专业知识比自己强得多的精英?"永远虚心向他们学"是陈亚龙的秘诀。华龙的每一款新产品,陈亚龙都会仔细向技术人员请教,而研发人员的每一个想法,陈亚龙都会仔细倾听。多年来,好像已经是习惯了,他总是会谦虚地向下属打听很多专业性的知识和看法。

陈亚龙希望谦虚能成为员工的态度和企业的文化，因为在实践中，他越发发现，谦虚已经成为一种竞争优势。

"整个公司都形成谦虚的文化氛围，每一个员工心怀谦虚之心，我们虽然走向了全世界，但我们都时刻提醒自己要谦虚。因此，谦虚会变成一种竞争优势，因为谦虚而研发出有竞争力的贴心产品，"陈亚龙说，"谦虚就会聆听对方的声音，谦虚的文化或者团队会把客户放在最中心，而不是自己。如果你是一个谦虚的人，会把一切变得简简单单。谦虚，就要用行动讲话而不是嘴巴。其他合作者与我们合作发现：其他公司需要三个月去评估的项目，而我们只要三个星期。我们称之为'潜在能力'。如果是一个谦虚的团队，就可以创造出很多意外惊喜。我们让每个员工身上都拥有谦虚的价值观，甚至每张员工名片上都印着这样的价值符号。"

面对他人关于"谦虚会不会让公司变得没有名气"的疑问，陈亚龙这样回答："其实，这是一个迷思，很多历史上有贡献卓越的人并不骄傲。为什么改变世界的都是寡言的实干家、谦虚的思考者，总是低调的黑马？为什么他们不会随波逐流？因为他们比别人更努力，思考得更深刻，比谁都懂得倾听，他们采取实际远胜于滔滔空谈，他们认为美好事物就应该简简单单、自然而然。他们总是以他人为中心去构思新的创意。不是为了自己，而是为了他人。为什么谦虚的少数人能改变世界？因为他们在不断问'为什么'。"

古希腊曾出现过一位伟大的哲学家苏格拉底,他的一生没有留下过任何的著作,但他的行为和学说却广为流传,人们敬重他对真理的不懈追求,更欣赏他渊博的学识和高贵的品质。他常常启迪青年人的智慧,但当人们赞叹他的智慧时,他却总是谦虚地说:"我唯一知道的就是自己的无知。"

近代科学的开创者牛顿同样是一个值得纪念的人,正因为他的三大成就"光学分析、微积分学、万有引力定律",才使现代科学的发展有了坚实的基础。当年,牛顿呕心证明算出了"万有引力定律",谨慎和不好大喜功的个性使得他并没有急着发表自己的见解,而是继续钻研、验证与完善。直到有一天,他的好友哈雷(彗星的发现者)在证明一个关于行星轨道的规律时遇到困难专程登门请牛顿赐教,其"万有引力"的书稿才首次示人。1684年11月,哈雷再访牛顿,对科学的渴求使得两人一见面就开始了热烈的学术讨论,其间,牛顿拿出了成型的"万有引力"论文请哈雷提意见。哈雷看后很是惊讶,他知道一个伟大的理论就此诞生了。为了能尽快造福人类,他再三劝说牛顿及时发表论文。可牛顿仍然没有轻易行动,又经过了三年一丝不苟的反复验证和计算才将《自然哲学的数学原理》发表于世。

万有引力定律使牛顿声名大噪,可他从不因此自夸,而其自谦说出的那句话——"如果说我看得更远些,那是因为我站在巨人的肩上"——也跟他的名著一样,成了名言,流传后世。

我们感叹牛顿的才华，同时，我们更欣赏他的虚怀若谷，正是这胸怀使他能以谦虚的态度接受一切，不管是鲜花，还是意见。

谦虚，是一颗最好修养的平常心，是一种做人的境界。不必期待你做的所有的事，都有人支持。只要你确信是对的，就放手去做；不要奢望所有的路都顺风顺水，掌舵好自己的帆船，乘风破浪奔向前。

永远不要觉得自己足够好，保持一份谦逊的态度，如此，你还可以更好。

谦虚，是一种人性的美德。谦虚的品格，让你的人格魅力更出众。在你遇到困难的时候，帮助你的人会更多。谦虚，是一种人生智慧。谦虚的心态，会使你一直保持进取的精神。客观，理性，放低姿态去倾听，你会是个成功的人。

谦虚，是一个人的素质涵养。谦虚，是人际关系中一座和谐友善的桥梁；做个具有谦虚品格魅力的人，你会被更多人欣赏和尊重。

转型之路

不明白历史，便不会明白现实，因为历史是一切问题的起点，也是蕴含着所有答案的终点。在纷繁复杂中，种种疑问起航，在脉络清晰中，事实真相水落石出。

所以,在向前奔跑的过程中,要想看清前方,必须时时回头看一下走过的足印。在观与思的启示下,做好立与行的实践。华龙作为一家与时代同步成长的企业,更能深切感受到时间流逝中成长的秘密,更能解开人们心头对高速成长的中国企业的好奇。

说到底,引擎机密就是搭上时代的千里马,飘摇直上,纵横千里。

如同那句老话:"很多人追求,很少人拥有。"渴望成功的人很多,获得成功的人很少。很多时候,社会环境因素以及个人对机遇的理解和运用甚至重于人的智商、情商、意志。三人干不如一人看,做事之前把握机会的眼光着实比做事本身还重要。

与时俱进的陈亚龙是幸运的,他开创了自己的实业时代——中国电子行业时代。

企业在每一个阶段都面临着不同转型。这个领头人怎么带领?怎么做才能让人放心?

事实上,经营电子企业有两种方法:一种是在公司做得比建立或收购时好的情况下,转手卖掉,赚取其中差额;另一种是在公司所从事的主业适合持续经营的情况下,长久发展,永续做下去。陈亚龙在华龙的发展中,看到了这个行业光明的前景,而相比来来回回地投资转卖挣钱的人,陈亚龙从来都不满足于只做一个挣钱的商人,所以,他和很多优秀的浙商一样,确立了企业永续经营的理念,希望通过长久的努力,做世界最好的企业。

不得不说,陈亚龙是智慧的,在企业发展的初期,他就树立了经营理念。此后,这些理念就如同灯塔一样,指引着华龙这艘航船找到正确的航线,驶向卓越和理想的彼岸。

对于华龙来说,行业发展的趋势远大于现状,只有长远的眼光,才能为企业发展指明方向,中国的很多产业都必将从以往的劳动密集型向技术密集型转变。

机会和敢为天下先是并存的,给了你机会,你要敢做,能做,知道怎么做,机会才能抓住。

2004年,华龙电子进行第一次股份制改造,也是从这一年起,公司每年都投入大量资金用于研发、技改等。也是这一年,华龙的规模从中小企业逐步迈向了大型企业,发展方面面临的挑战也是与日俱增,对于企业的管理和运营,陈亚龙进行了系统的归纳和思考。

陈亚龙深知,选择了这样的道路,就意味着选择了一条全世界最难走的路。且不论跨越技术难题的重重考验,单就是一些世界知名企业已经建立的市场影响力就让华龙难以招架。但是陈亚龙并无畏惧,因为他坚信自己的决策是正确的,因为他坚信"中国电子"的梦想不单单是一个企业的执著和梦想,更是一个民族关于科技振兴和腾飞的期待。作为中国人,他自觉有义务在电子行业贡献自己的微薄力量,他希望有一天能带领着华龙实现民族的科技突破。那个时候的民族情结是一种多么令人振奋的期盼啊,与现如今那些煽动民族情绪实则包藏祸心坑害国人的企业行为不同,与那些狭隘地将自我民族作为政治、经济、文化的主体而置于至上至尊的价值观也不同。

陈亚龙深刻认识到,对于华龙而言,趋势还真是这样。也只有这样不断扩大规模,提高门槛,降低成本,再压低利润才能最大限度地挤压竞争对手。

几年后,又一眼清冽的泉源被华龙人凿开了,没有人能够预料到,它终有一天会奔腾出气象万千的磅礴神话。

再风风火火的营销和花哨的管理学理论,都比不上实实在在的创新实践。

2008年,华龙电子进行第二次股份制改造,也是其大刀阔斧的一年。这一年,华龙电子新扩建厂房6000平方米;新进口日本京利精密高速冲床6台;新增全自动电镀线4条;在江苏泰州购买150亩土地,向上游延伸;对废水回用系统进行升级改造……"我们在技术改造上的总投资达到了6000多万元,占当年销售收入4.06亿元的15%,"回想起那一年在技改上的大手笔投入,陈亚龙直言,"这个决定是正确的。"高投入也带来了高产出。2018年,宁波华龙电子年生产能力达150亿只,2010年9

月投产的泰州华龙电子年生产能力达100亿只。

这又是一次崭新的起航，为了圆一个民族的电子业新梦。

"华龙不是空降兵，而是登山队员。"陈亚龙说。只有扎扎实实地干，稳步推进，力求突破，才能打破一个个时代带来的困境、环境带来的袭扰，实现一步步的自我成长和革新。

二十九年来，风雨兼程。

华龙正式主导进入电子配套业，并非外行式进入的"天外来客"，而是扎扎实实、一步一个脚印地从零开始，不断攀登高峰的结果与选择。

陈亚龙作为一个家族式民营企业的拓荒者，其奋斗经历，已和华龙的历史熔铸在一起。从无到有，从弱到强。

素有"竞争战略之父"之称的迈克尔·波特在竞争战略理论上的观点是，取得卓越业绩是所有企业的首要目标，而战略定位和运营效益则是实现这一目标的两个关键因素；前者意味着企业的运营活动和其实施方式有别于竞争对手，而后者则意味着相似的运营活动能比竞争对手做得更好。对于很多志存高远的创业者来说，超越竞争对手进而在行业内呼风唤雨，是企业发展的目标；但也正因为膨胀的心理预期作祟，很多中小企业往往会制定一些不切实际的发展目标，或者干脆就模仿行业内的龙头老大，照搬其在品牌、营销、市场上的手法，但最终结果往往令人扼腕。

知己知彼，方能百战不殆。对于一个成长型企业而言，清晰地认识自身，远比盲目地喊出看似激昂的口号来得重要。要知道，一百个战术上的成功，也抵不上一个战略上的失误。然而，陈亚龙也清楚地认识到，国外的电子巨头凭借着在技术、品牌上的优势，已经在中国市场逐渐站稳了脚跟，形成了一定的市场，而来自台湾等地区的中国电子企业，也纷纷在摩拳擦掌。在优势品牌的阴影下，在荆棘密布的市场上，要思考：如何才能使得自己的品牌异军崛起，开创自己的生存空间？

凡事谋定而后动。正所谓，有所为，有所不为。技术出身的陈亚龙意识到，企业生命的核心还是研发实力。如果企业的产品没有核心技术，就没有市场话语权，就只能停留在简单的加工制造环节。换句话说，自主创新和创立品牌，是企业走向利润集聚高端的必由之路。

很快，陈亚龙就将自主研制的想法告诉了公司中高层人员，几乎是心有灵犀，大家都在这个事情上一拍即合。原来，对于当时核心技术一直掌握在他人手中这个事实，大家始终如鲠在喉。陈亚龙的决策让大家有了一吐为快的机会，自然欣然接受。可在最初踌躇满志的激情褪去后，有人却犯了难。俗话说得好：理想很丰满，现实却很骨感。虽然有了自主研制的理想和决心，但真正实施起来却难如登天。要知道当时台湾在电子技术上已经非常成熟了，其运算速度之快，足以代表世界先进水平。面对台湾一些大企业在技术更新上的强势劲头，陈亚龙不断地思索："电子最本质的需求到底是什么？创新是否是唯一的发展之路？创新需要多少代价?"

　　困惑很多,问题很多,可思路却越来越清晰。陈亚龙知道,如果一味地跟风台湾企业通过提升某一方面的性能,那么华龙在此项技术上赢过他们的概率极小,即便勉强赢了,也不代表就赢得了未来提升的发展方向。面对全球电子行业不断升级的性能的激战,陈亚龙认为,若不另辟蹊径,以一种全新的理念引导企业的研发,那么,要占领市场甚至引领市场是绝无可能的。于是,在经过了多方的考证和反复的思量后,凭借自身对于"保持产业平衡"理念的敏锐触觉,陈亚龙提出了大胆的预言:不断改进和吸收先进技术并运用到产品中。在技术研发过程中,陈亚龙不仅注重充分发挥企业自身技术团队的优势,还积极广泛地利用一切可利用的资源进行技术研发的整合。在他的努力下,企业人才被送到高校深造,技术专家被引进来培训员工。事实证明,这种由多方资源汇集的技术团队形成了有效互补,为下一步华龙电子上市奠定了扎实的基础。

　　华龙和华润华晶合作研发 TO220FH 大功率元件框架,双 W 带,以前做的都是 T 形带,他们做出来的产品与样品始终达不到要求,陈亚龙带领技术攻关小组,通宵研究,整整一个多月,大家吃不好,睡不下。最后查找出内应力系数始终不符合,于是重新设计模具,终于克服了技术瓶颈。生产忻副总回忆说,这些交学费的事情都是重大研发突破。

　　积淀了这么多年,似乎只要再加一把火,陈亚龙期待的华人自主研发的时代就真的要来临了。

华龙电子产品线的成功研制,对于国内依靠进口产品的配套商来说,不啻是一个天大的喜讯。这样一个看似平凡的起点,事实上对于国产华龙电子乃至全球华龙电子产业的今后发展和走向,都具有里程碑意义。难怪,陈亚龙可以自信地说,华龙的下一个目标就是进入行业世界前十位。

沿着这样的研发思路,陈亚龙的团队乘胜出击,终于,第一台华龙电子自主研发的模型样机出来了。陈亚龙带着团队不断调整、试制。

企业越大,责任越大。也许当初陈亚龙在立志要做"华龙电子"的时候,只是为了实现自己的梦想,并没有思考这背后附加的诸多含义。可随着"华龙电子"的不断走红,这个梦想开始变得沉重,因为它俨然已经不是陈亚龙的个人奋斗史了,它背上了有关民族科技振兴和国人荣耀的复杂含义。社会责任感、使命感这些略显形而上的词语突然变得可感可触、掷地有声。他明白,只有不断突破局限,在"华龙电子"的道路上追求不息,才是承担民族责任、提升社会使命的唯一途径;而他认为华龙电子也不能仅仅是宁波一个电子企业,必须成为一种理念甚至是文化。

一个人视野宽广,是因为他站立在巨人的肩膀上观望;一个人成功,是因为他奔跑在一条光明的产业大道上。陈亚龙的成功引起人们对电子行业又一次关注。

为了成功实现产品研发方面的突破,陈亚龙再次加入浙江大学EMBA学习深造,广邀行业内的学者和专家,聘请国外专家和技术人员进行培训和指导,并组建团队,运用人才的优势进行研发。

在研发团队不断技术攻关及客户使用情况的不断反馈总结中,华龙电子基本成熟定型并衍生出一系列产品。与此同时,华龙积极进行相关专利及专有技术的申请与保护,开始有意识地在自主知识产权领域铸造竞争壁垒。

当时的陈亚龙给研发团队提出三个目标:第一,做除法。客户的抱怨是他们的机会,所以研发的重点要放在如何破除现行市场机型所不能解决的技术问题。第二,做减法。国内的电子生产企业数量众多、规模较小,对于电子机械的价格较为敏感,所以要把一些不实用、不常用的辅助功能进行适度调整,降低生产成本。第三,做加法。国内很多中小客户由于竞争所迫,大多数都是二十四小时连轴生产,所以要想方设法增加设备在恶劣工作环境中的使用寿命。

陈亚龙的法宝之一即"产品做减法"。这不是偷工减料概念上的做减法。基于对市场的分析,陈亚龙发现中国大部分国际订单都是中低端产品,相对来讲它对一部分功能要求没有那么高;另外劳动力成本的激增,对大功率机器的要求期望要高一些。基于很多企业由脚踏加工到华龙全自动加工,缺乏操作和维修人员的情况,华龙做了减法。一是减功能。起步阶段就着手高端技术的难度很大,所以华龙转而开发一些经济型的满足市场基本需求的产品,同时降低单机成本,提高劳动生产率。二是减麻烦。多数客户对华龙电子的操作不熟悉,所以产品应尽量模式化。同时,还要引用一些技术储备来支撑这种减法,华龙电子由多个零件集合而成,不是减掉个零件都能降低成本的。

经济学中,有一个"微笑曲线"的说法:在"微笑"的曲线上,两端朝上。在产业链中,附加值更多地体现在两端,即"设计"和"营销"环节,处于中间环节的制造附加值最低。也就是说,在"微笑曲线"的左端,主要是以技术研发、设计、产品创新等为核心;在"微笑曲线"的右端,则重点突出销售、品牌、服务等要素;而连接"微笑曲线"左右端的中间,即弧底部分的,则是以成品装配和低端产品为主的制造业。由此,自主技术创新和品牌服务,成为附加值最高的两个区域,其产业利润率一般在20%—25%之间;而处在中间的加工生产产业的利润一般只有5%。而对于闻名世界的"中国制造"来说,"微笑曲线"则更应该被称为"哭泣曲线":在中国贴牌生产的一个芭比娃娃,在美国可以卖到10美元,而中国生产企业仅能够获得0.35美元的加工费。

华龙电子选择了"服务做加法"。这个不只是形式上的做加法。同样基于对市场的分析,陈亚龙首先看到大部分企业的生产线由手摇电子式生产转化而来,没有相关的技术人员;其次市场的变化很大,原来可能一台机子半年或者一个月才生产一款产品,现在可能几天就要调一个新产品,所以软件等需要经常进行更新;最后根据客户需求的变化,在一些服务项目上进行调整——对能力比较欠缺的客户进行培训,分设销售部和售后服务部两个部门,同时增加服务的时间。

纵观"华龙"的发展历史,无论从时间上还是规模上看,都具有"四高"的特征。即起点高、科技含量高、市场占有率高、经济效益高。

正是有这样的气魄,华龙电子掌门人陈亚龙在谈到未来时满脸的自信和从容。

历经坎坷,陈亚龙对华龙上市的梦想,在拼搏中日渐清晰。

历尽风雨,华龙人二十多年来的追求,在执着中逐一实现。

晶体管发展史

1947年12月,美国贝尔实验室的肖克利、巴丁和布拉顿组成的研究小组,研制出一种点接触型的锗晶体管。晶体管的问世,是20世纪的一项重大发明,是微电子革命的先声。晶体管出现后,人们就能用一个小巧的、消耗功率低的电子器件,来代替体积大、消耗功率大的电子管了。晶体管的发明又为后来集成电路的诞生吹响了号角。

20世纪最初的10年,通信系统已开始应用半导体材料。20世纪上半叶,在无线电爱好者中广泛流行的矿石收音机,就采用矿石这种半导体材料进行检波。半导体的电学特性也在电话系统中得到了应用。

晶体管的发明,最早可以追溯到1929年,当时工程师利莲费尔德就已经取得一种晶体管的专利。但是,局限于当时的技术水平,制造这种器件的材料达不到足够的纯度,致使这种晶体管无法被制造出来。

由于电子管处理高频信号的效果不理想，人们就设法改进矿石收音机中所用的矿石触须式检波器。在这种检波器里，有一根与矿石（半导体）表面相接触的金属丝（像头发一样细且能形成检波接点），它既能让信号电流沿一个方向流动，又能阻止信号电流朝相反方向流动。在第二次世界大战爆发前夕，贝尔实验室在寻找比早期使用的方铅矿晶体性能更好的检波材料时，发现掺有某种极微量杂质的锗晶体的性能不仅优于矿石晶体，而且在某些方面比电子管整流器还要好。

在第二次世界大战期间，不少实验室在有关硅和锗材料的制造和理论研究方面，也取得了不少成绩，这就为晶体管的发明奠定了基础。

为了克服电子管的局限性，第二次世界大战结束后，贝尔实验室加快了对固体电子器件的基础研究。肖克莱等人决定集中研究硅、锗等半导体材料，探讨用半导体材料制作放大器件的可能性。

1945年秋天，贝尔实验室成立了以肖克莱为首的半导体研究小组，成员有布拉顿、巴丁等人。布拉顿早在1929年就开始在这个实验室工作，长期从事半导体的研究，积累了丰富的经验。他们经过一系列的实验和观察，逐步认识到半导体中电流放大效应产生的原因。布拉顿发现，在锗片的底面接上电极，在另一面插上细针并通上电流，然后让另一根细针尽量靠近它，并通上微弱的电流，这样就会使原来的电流产生很大的变化。微弱电流少量的变化，会对另外的电流产生很大的影响，这就是"放大"作用。

布拉顿等人，还想出有效的办法，来实现这种放大效应。他们在发射极和基极之间输入一个弱信号，在集电极和基极之间的输出端，就放大为一个强信号了。在现代电子产品中，上述晶体三极管的放大效应得到了广泛的应用。

巴丁和布拉顿最初制成的固体器件的放大倍数为 50 左右。不久之后，他们利用两个靠得很近（相距 0.05 毫米）的触须接点，来代替金箔接点，制造了"点接触型晶体管"。1947 年 12月，这个世界上最早的实用半导体器件终于问世了，在首次试验时，它能把音频信号放大 100 倍，它的外形比火柴棍短，但要粗一些。

在为这种器件命名时，布拉顿想到它的电阻变换特性，即它是靠一种从"低电阻输入"到"高电阻输出"的转移电流来工作的，于是取名为 trans-resistor（转换电阻），后来缩写为transistor，中文译名就是晶体管。

由于点接触型晶体管制造工艺复杂，致使许多产品出现故障,它还存在噪声大、功率大时难于控制、适用范围窄等缺点。为了克服这些缺点,肖克莱提出了用一种"整流结"来代替金属半导体接点的大胆设想。半导体研究小组又提出了这种半导体器件的工作原理。

1950年,第一只"PN结型晶体管"问世了,它的性能与肖克莱原来设想的完全一致。今天的晶体管,大部分仍是这种PN结型晶体管。(所谓PN结就是P型和N型的结合处。P型多空穴。N型多电子。)

1956年,肖克利、巴丁、布拉顿三人,因发明晶体管同时荣获诺贝尔物理学奖。

晶体管被认为是现代历史中最伟大的发明之一,在重要性方面可以与印刷术、汽车和电话等的发明相提并论。晶体管实际上是所有现代电器的关键活动(active)元件。晶体管在当今社会的重要性主要是因为晶体管可以使用高度自动化的过程进行大规模生产的能力,因而可以不可思议地达到极低的单位成本。

特别是晶体管在军事计划和宇宙航行中的威力日益显露出来以后,为争夺电子领域的优势地位,世界各国展开了激烈的竞争。为实现电子设备的小型化,人们不惜成本,纷纷给电子工业以巨大的财政资助。

自从1904年弗莱明发明真空二极管，1906年德福雷斯特发明真空三极管以来，电子学作为一门新兴学科迅速发展起来。但是电子学真正突飞猛进的进步，应该是从晶体管发明以后开始的。尤其是PN结型晶体管的出现，开辟了电子器件的新纪元，引起了一场电子技术的革命。在短短十余年的时间里，新兴的晶体管工业以不可战胜的雄心和像年轻人那样无所顾忌的气势，迅速取代了电子管工业通过多年奋斗才取得的地位，一跃成为电子技术领域的排头兵。是确保船舶安全的必不可少的设备，起着固定和稳定船体的重要作用。如果没有锚或锚的质量不好，一旦船锚断裂，就是航空母舰，遇到大风大浪也照样翻船。

（刘松涛：《论晶体管》，《科普中国》2002年第8期，276页）

宁波帮文化的力量

时代的呼唤总是飘扬在高高的云端，唯有时过境迁，反观过去，才能让普通人拨云见日，一展拳脚。所以，每个时代的宁波商人都能在窥斑见豹、见微知著中聆听到大音希声。

宁波人相信，宁波帮的内在文化基因是一种宝贵的精神财富。正是有了这种文化基因，它才会在不同时代"一有土壤就发芽，一有阳光就灿烂"。40多年改革开放的风雨激荡焕发出"敢为天下先，勇争天下强"的创业创新精神，新生代宁波商帮成为一支推动民族工商业发展的劲旅。

宁波帮、宁波商人的"文化基因",可以追溯到中国历史的商业萌芽时期,因为被尊为中国商人祖师爷的陶朱公范蠡就是越国丞相。如前文所言,宁波人的商业思想深受黄宗羲的"工商皆本"和王阳明的"士农工商异业而同道"经世理念的熏陶,"是宁波悠长的文脉,催化出宁波特有的商脉,又因经商习俗的催动,改变着当地知识界的经世想法"。"在这块浸透了浙东学派'经世致用'思想的土地上,两股力量相融相生,孕育出他们正统而叛逆、守旧而又纳新的独特区域文化,而宁波的经商文化就是这一区域文化在商业领域的折射"。

专家认为,宁波帮商人的成功经验大致有"七靠":一靠诚信;二靠义利兼顾;三靠敢为天下先;四靠中西结合的先进管理;五靠融合劳资关系;六靠吃得苦中苦的勤俭;七靠"帮"字当头的共济。这"七靠"实则宁波帮的经营理念,从另一个角度而言,也是他们的企业文化。

企业文化是企业家的人格化。比如说"宁波帮"注重诚信,在"宁可做蚀,弗可做绝"的商谚。早在300多年前,宁波人乐显扬创办北京同仁堂药店之时,就提出了"炮制虽繁必不敢省人工,品味虽贵必不敢减物力"的诚信经营之道,树立了"修合无人见,存心有天知"的自律意识,确保了同仁堂金字招牌的长盛不衰。再如宁波人范岁久,20世纪60年代创办丹麦大龙食品公司,凭借小小的春卷在遥远的北欧"创造了一个连安徒生也写不出来的童话",至今发展成为固定资产达到3亿多克朗的现代化跨国公司,成为春卷大王。他的生意经就是"不投机,不取巧,脚踏实地,勤勤恳恳"。

由百年创业史凝结而成的商业精神,顺理成章地成为当代宁波商人珍视的宝贵财富。时过境迁,这种经过历史洗礼的精神面貌不仅没有被湮没,相反,当代宁波人投身市场经济的伟大实践呼唤着这种优秀商业精神的回归。新生代宁波商人从一开始就高度关注并实践"文化的力量",大力弘扬这种精神,创造出了无愧于先人的宏大事业。今天的新宁波帮与宁波商人,承继先辈商业灵魂最为突出的,也是"注重诚信""团队合作"以及"感恩回报"等核心理念。比如奥克斯、罗蒙、飞龙等,几乎都将"诚信"纳入企业文化核心概念。

总结新生代宁波商人成功之道,在经营模式上有着一脉相承的延续。第一,新商帮采用的家族血缘关系管理模式是交易成本最低、最可靠的纽带;第二,大多有独到的家族商业智慧和运筹帷幄的超常本领,能把握遵循两种规范文化的两个度:恪守诚信伦理与法律,既不游离于诚信伦理与法律,又不墨守成规;既积极实施政府公关,又不超越法度,体现了高超的商业智慧;第三,在完成原始积累后逐渐夯实商业精神的基石——以诚信、守法及人文精神统领企业。这种商业智慧成为这些企业商业文化的组成部分。

　　新商帮成功的规律是,企业的竞争力与其商业文化的培育和实施成正比。雅戈尔的李如成、杉杉的郑永刚、奥克斯的郑坚江、华龙的陈亚龙等,这些企业家很重视在企业运作的过程中通过塑造优秀商业文化提升竞争力。虽然新生代宁波企业在文化建设上绩效各异,但不可否认:高度重视企业文化并努力实践,这是他们的共识!

　　宁波新商帮的发展模式的背后是:相信文化的力量,此文化,即传统商帮文化与时代特征相结合所形成的商业精神。宁波乃至浙江特有的文化、特有的人文精神支撑着企业的发展。经调查,当前成功的新商帮正在抓五个方面的培育:

　　1. 企业价值观。新商帮价值观更多体现科学发展观,引入了企业的伦理关怀、企业伦理宪章的实施,重视发展指数,以全面反映人的处境和综合状况、以自由看待发展等。如贝发核心价值观——诚信:诚实、守信,坚守承诺;奋进:积极、进取,有不屈不挠的上进心、有战胜任何困难的自信心;奉献:大公无私,舍个人保大局,万事以集体为重;创新:敢于否定自己、自我挑战,勇于接受挑战。奥克斯价值观:永不满足,持续改进;机会——来自业绩;获胜——在公平竞争中击败对手;精确、高效、务实、简单。杉杉秉承的是"正直、负责、创新、奉献"之价值观。飞龙的"诚信、务实、创新、高效"和"尊重个人、同心协力、创造价值"等等。

2. 企业骨干培训。包括对企业家、管理层精英、员工科学发展观的培训。

3. 习俗的培育。把企业的规章制度变为每个员工的自觉行为习惯和意志，要培育企业自己的"德目"：对己——自信；对人——欣赏；对企业——忠诚；对工作——敬业。

4. 建立文化网络，形成管理价值链。

5. 整合企业文化环境。根据企业文化背景和自身的特点、企业发展过程中发生的变化来进行文化整合。

总结宁波新商帮发展模式成功的精髓，可归结为四条：

1. 创文化价值观先行原则——人高于物、社会高于利润、整体高于局部。

2. 创企业文化必须循序渐进的原则——文化本身是渐进的。

3. 创建企业文化必须遵循永不放弃、持之以恒的原则。

4. 理念：重教、懂得知识和人才是未来企业惟一的竞争优势。

有灵魂、文化的企业，才是有力量的，才可能取得成功。

相信文化的力量，对于作为"过来人"的成功者，这是经验；但成功者毕竟是少数，对于遍布金字塔基础部分的大量新生代宁波帮中小企业，对企业文化的理解和实践可能刚刚起步。较长时期里，这些企业的基本价值观局限于遵纪守法和依法纳税，未考虑社会其他方面的利益和需要。因而经营者和广大员工的精神、作风及其他方面的行为，一定程度都受到消极的影响和制约，影响了经济效益和社会效益的最大化。

对于大量处于草根阶段的中小企业而言，这种价值观基本是被动地去适应某些规章制度约束，从而限制经营者对文化的积极传播及对最高理念的追求，抑制了生产力的提高。其他如企业主对企业文化建设的重要性认识不到位；缺乏人性化的考核体系及必要的民主监督制度；缺乏企业的文化功能；企业文化建设普遍处于较低层次，缺乏前瞻的眼光和系统的考虑。所以对于这些新生代企业而言，要做强做大，"相信文化的力量"，不仅仅具有启蒙意义，更应该成为其必须践履的实操价值观。

结合传统文化对他们进行文化再造，最根本的要求是要对原有的企业文化格局予以彻底打破，重新构建企业文化层次或结构，逐步实现从服务型企业文化向导向型及追求型企业文化的转变,使其成为高层次的企业文化。令人欣慰的是:大量企业正以先辈及同城成功者为典范,一步步地迈向企业文化建设的规范化轨道。舜宇、富达、金源、国泰等公司,包括各乡镇、街道的其他一些中小企业都对企业文化进行了有益的探索,也形成了各具特色的企业文化。

新生代宁波商人投身市场经济的伟大实践,正呼唤着宁波帮商业精神的回归,正努力创造出无愧于先人的宏大事业。

(王千马:《宁波帮》,现代出版社2015年版)

挑战之路

在这个世界上,没有一帆风顺的事情。和人一样,企业在成长的途中也难免遇到一些波折。看似平常却崎岖,成如容易却艰辛。

有人说苦难就是不幸。是的,苦难常常把人逼到无奈和困惑的地步,可你也往往因此得以发挥自己最大的潜能,体现自己的价值。苦难又是段风雨路,跌倒了爬起来才知寻路的重要和开路的不易。而走过那段泥泞坎坷,前路还有什么可畏惧?每一个企业都有一段心酸的成长史。有的企业难耐苦痛,便淹没在了历史里,还未成长便已夭折;有的企业则是直面惨淡的市场竞争,艰苦卓绝,矢志不渝,在成功中寻找经验,在失败中总结教训。

前十年,华龙心怀梦想,勇于迎接困难与挑战;后十年,华龙立足中国,从未停止过对技术创新的探索;这些年,华龙实现跨越,终于迎来了收获的时刻,中国电子行业格局改变已经势在必行。华龙电子通过多年的积累也已经取得了相当的领先优势。借着创新的理念和技术,陈亚龙的"中国电子"终于迎来了自己的春天。

"宁波有个公司研制出了可以替代国外晶体管的产品,你信吗?""这个晶体管能用吗?""华龙的好还是国外的好?"……2009年,国内电子行业炸开了锅。

但陈亚龙并没有因此担忧,他认为质疑是好事,质疑说明行业对他的新产品开始重视了。华汕有个客户给飞利浦做加工框架,他们委托华龙研发产品。研发的要求非常高,样品精度要求小于0.02mm。华龙的技术人员开始设计,特别重视对产品的稳定性,设计出来后,送样可以,但适应不了大批量生产。后来,陈亚龙带领技术小组,一次次推倒重来,一次次反复推敲。

格局,不仅是一个企业整体规划的效果图,更是一个企业整体规划的导引图。在它的导引下,企业效益和速度的线路才能有章可循,并然有序。

商业格局如同棋手对弈,高手心有韬略,步步为营,或以退为进,或攻防兼守。每一次变动都是机遇,也是挑战。所以,从格局大处着眼,一时进退都只是棋子挪动。格局好,瘦马可膘肥体壮;格局差,领跑者也会遗落千万里。

2004年开始，陈亚龙每年投入专项资金进行技术研发和提升。最初，这是一项在很多人看来都是"亏本"的买卖，而对于专注于自主创新的陈亚龙而言，这项投入却是必需的，"技术创新是资金密集型的投资活动，离开资金投入就无从谈起"。为此，陈亚龙将研发看得无比重要，在必要时还加大了对技术投入的拨付比例。而这在国内的多数中小型电子企业看来，无疑是一项疯狂的举动。

作为电子产业的后来者，面对国际大腕已经分好的市场，他该如何是好？这个商局他又该如何去破？困难犹如猛虎野兽般正向这个年轻的企业疯狂地扑来，华龙是措手不及呢，还是化险为夷？

2008年，全球金融危机爆发，电子产品的需求急剧萎缩，对整个半导体产业造成严重冲击。作为半导体产业链的最上游，半导体材料行业也受到了最直接的打击。然而，那年华龙电子产能却达到了金融危机之前的80%，产品销售份额占到了国内市场的30%。

欧债危机持续发酵、美元指数攀升、中国流动性紧张等，都让2012年的中国经济"不再好看"。有人将它称之为是最"紧张"的一年。

在经济危机中，华龙电子不退反进，赢在哪里呢？技术出身的陈亚龙清醒地认识到，企业要想发展，就必须转变经济增长方式，淘汰落后的产能，提高企业的技术水平和产品水平，增强企业的竞争能力。在创业的最初几年,陈亚龙饱受原材料的困扰,好在后来一个洛阳的供应商从法国引进了设备投产,才解决了这一问题。"在半导体材料行业的技术水平上,我们与国外仍存在很大差距,很多高端半导体材料的原材料都被国外公司所垄断。"

当时,国内电子市场已被大大小小的电子品牌填充得不留缝隙。即使在品牌的相互竞争中,偶尔会起点小涟漪,但总体来看,这个市场似乎已经很饱满很和谐了,一切都是风平浪静,顺其自然。但就在此刻,在众人的质疑与惊讶中,华龙电子股份有限公司突出重围。它的出现,又会在这片电子市场的深水中掀起怎样的波澜?涉世未深的华龙又将面临怎样的挑战与机遇?

荣誉越多,责任越大。关于"中国电子"的提法也不能仅仅是一个口号,它必须成为一种理念甚至是文化根植于华龙电子的血液深处。

如果说,要拿一句最恰当的语言来评价陈亚龙的话,我想"人生就是永无止境的奋斗"最恰当不过了。

陈亚龙带着华龙打破原来宁静的电子市场时,就做好了受到排挤的心理准备。他明白,华龙电子想要进入这个市场不仅仅是自己做好机器就行了,更要深谙这个市场的规则,找到它的破绽,建立起自己的相对优势。

2010年8月,华龙斥资1个多亿在江苏泰州兴建的工业园区顺利竣工投产,安排了当地200多个就业岗位,同时也极大地带动了当地半导体引线框架相关配套企业的兴起。到2013年泰州的子公司产值已达1个多亿,被泰州当地政府亲切地称为引进了一只"金凤凰"。

虽然前方困难重重,但陈亚龙相信困难是欺软怕硬的。你越畏惧它,它越威吓你;你越不将它放在眼里,它越表现得恭顺。所以你要做的就是勇敢地面对。

"每种电子都有其特定的适用环境和条件,没有最好的电子,更没有永恒的电子,只有最合适的电子。"就是靠着这股开拓创新、百折不挠、锐意进取的精神,华龙电子才能一直实践着,努力着,前进着,超越着!

不想当将军的士兵不是好士兵。陈亚龙的目标是要让华龙成为中国人的电子品牌,他要把被外国同行占领的市场抢回来,他不仅要和国产品牌竞争,更要挑战国际品牌。他要和顶尖的世界电子品牌竞争市场,他深信国产的电子必定能打败洋牌子。

电子行业技术含量高、研发成本高、生产成本高的特色,被认为是产品本身的壁垒。多年来,国外企业在中国市场已经形成了垄断地位,已经习惯了简单加工的制造型企业,能在依靠技术进行竞争的电子行业站住脚吗?面对拥有短则数十年,长则百余年电子制造历史的国际品牌,一个后来者能有多大胜算?但是,陈亚龙就是敢为别人不敢为之事,明知山有虎,偏向虎山行。他的企业家魄力在此刻展露无遗,打定主意做出华龙电子的呼声高于一切。他为此翻阅了大量有关方面的资料,请教了很多专家学者,不断思忖:尽管国外电子已经占领了很大的国内市场份额,但还是存在很多弊端,在这些弊端中很可能可以找到突破口。

美国的行为科学家J. 吉格勒曾提出过这样一个定理:设定一个高目标,就等于达到了目标的一部分。这是说,一个人只有站得高,才能望得远;只有目标远大,才能卓然非凡。

"技术引领,不仅是我们公司在市场上领先的原因之一,更是当前经济环境对各生产企业提出的忠告。衰退时的创新更可贵,因为它能赢得更大的发展空间。"作为一家国内半导体塑封用引线框架主要生产基地之一的企业,陈亚龙坦言,创新是其发展不竭的动力。

见证英雄　领航华龙

"桐花万里丹山路,雏凤清于老凤声。"这是唐代大诗人李商隐勉励年轻才俊的话,现在广为流传。其实,在一片繁花似锦的道路上,不仅有后辈新人对老人的冲破与超越,更有着老人自己的更新与突破。

华龙,这是一个令人陌生而又熟悉的名字。说是陌生,是因为许多人并不了解它,甚至从未听说过它,但其一步步走来,位居国内同类产品第一位。根据《中国半导体行业统计报表》数据,目前该公司生产规模和销售规模处于行业前二位。

你可能会唏嘘不已,进而不由得以新的视角来定位这家电子行业的隐形冠军企业。

是的，你不够了解，所以你没有看到；你很难深入，所以你没有看清；你只是粗知，所以你没有看全。几十年的改革开放，带来一个日新月异、充满变革的时代，使中国这个东方巨人绽放出了惊艳世界的光芒，也使一大批草根民间的企业得以演绎各自不同的精彩画面。或许我们可以很轻松地说出很多耳熟能详、大名鼎鼎的品牌，但同样不要忘了，在一些我们未曾涉足，甚至不曾了解的领域，同样有一批值得我们尊敬和尊重的企业，他们同样居功至伟，他们同样是中国巨大成就、进步的参与者、推动者和见证者。

而与很多取得成就的企业一样，华龙坚持从专业化做起，打造全球行业配套商。领导华龙不断成长的，正是华龙的掌门人陈亚龙。

在改革的大潮中，企业面临的是激烈竞争的社会和瞬息万变的市场，企业家面临的则是成功与失败相互交织的莫测风险。从企业成长的角度看，任何一个充满活力和竞争的企业背后，通常都有一位杰出的企业家，比如通用公司的杰克·韦尔奇、微软公司的比尔·盖茨，或者是海尔的张瑞敏、联想的柳传志。他们的成功或者有着很多不同的外部环境和行业机遇，但企业家对于企业的发展和影响都是相同的，从一定程度讲，企业成长与企业家的战略、思想、奉献等有着密切关系。

从一个心怀梦想的宁波人,到中国电子行业的风云人物;从带领一个计划经济时代的小作坊,到市场经济时代阔步前行的现代科技型企业,陈亚龙先生的创业史与华龙电子集团的成长历程,也正是中国草根民营企业在现代市场竞争中成长的精彩缩影。

从陈亚龙先生身上,我们可以看到有一种坚韧不拔、自强不息的精神。今天成功的企业,可能有着令人艳羡的光环和荣誉,有着独特的成功之道。但在成长之初,却往往经历了鲜为人知的困难与艰辛。正如陈毅元帅所言:"创业艰难百战多。"初创时期的华龙,前身只是一家小作坊,彼时正面临资金紧张、资源匮乏、信息封闭等多种难题,企业生存的需要远远重于发展的需要,但陈亚龙硬是敢为人先,迎难而上,在他的奔波和努力下,企业被经营得有声有色、红红火火,为后来企业的发展积累了经验,打下了扎实的基础。

正如《周易》所言:"天行健,君子以自强不息。"机遇总是留给尊重实际、注重实干、讲求实效的人,总是垂青于重规则、守契约、讲信用的人,总是垂青于秉承开放理念、注重全球意识、兼容胸怀的人,总是垂青于勇于拼搏、奋发进取、走在前列的人。

从陈亚龙先生身上,我们可以看到中国企业家勇于开拓的进取精神。陈亚龙善于开拓创新,突破发展瓶颈,不断增强企业综合实力，永不满足现状，不断开拓和寻找新的蓝海和市场亮点，这是他的开拓性战略思维，也是华龙迅速崛起并引领中国电子行业创新的关键要素。这些都是华龙的成功之道。

大雪压青松，青松挺且直。要知松高洁，待到雪化时。没有人能随随便便成功。

汝若欲作诗，功夫在诗外。各行各业，大千世界，概莫能外。企业是永存的，企业家的路是无限的。或许，通过这本记录了陈亚龙和他的华龙电子成长历程的书，我们不仅能更进一步了解这群行走在发展道路上的人，也能和他们一起，改变着自己，改变着世界。

飞跃之路

二十九年的辛苦，二十九年的思索，二十九年的实践，二十九年的创造。以旅游的心态，在跟跟跄跄中大步流星地一路走来，华龙以社会为己任，以企业为本位，创造财富、完善自我。

祸兮福所倚，福兮祸所伏。在外部经济不景气、半导体材料需求急剧萎缩的情况下，华龙电子反而有了更多的时间韬光养晦、修炼内功，加快产品创新和研发的步伐。

2019年，华龙电子宁波基地的生产线已达9条，位于东钱湖工业园区,占地12万平方米。届时又将新增4条生产线。"月产500吨异型铜带、年产450亿只引线框架生产能力是我们3—5年内的目标。"关于未来,陈亚龙一脸笃定。

华龙之所以能在中国电子行业"争一口气",这与华龙坚持自主创新,构建核心技术是分不开的。在华龙的快速成长过程中,"注重技术、持续创新"的理念亦破土而出。通过在技术研发上加大投入,进一步强化企业掌握和运用产品核心技术的能力,华龙成为拥有50多项专利的企业。在舆论普遍认为中国企业技术创新能力不足的今天,华龙用实际行动打了一场漂亮的"技术突围战"。

古人云:"生于忧患,死于安乐。"自古危机意识对于个人或者团体来说都是不可或缺的。每个人都有一定的惰性,但要看表现在什么地方,要是想让它不至于在工作中表现出来,一定的危机感是不可少的。危机感的存在一定程度上会推动人们积极主动地去做好每一件事情。而在企业转型的关键时刻,危机意识的培养尤为重要。

然而,创业的道路总是布满荆棘,困难之大、困难之多往往会超出想象。危机四伏的生意场,华龙能否泰然处之?就在企业刚刚完成转型、正式进入市场时,业界同行的挤压也接踵而来。

经过近年的高速成长,在国际金融危机、浙江经济结构调整和经济周期波动的三重因素驱使下,宁波华龙电子已进入全面打造企业上市时期。电子市场环境的动态性和不确定性,使得企业必须根据环境的变化不断调整发展方向,调整战略结构,寻找新的成长空间,以求企业的长足发展。而在企业转型的关键时刻,危机意识的培养尤为重要。因有危机意识的存在,企业才有可能在转型升级的道路上走得长,走得远。能否自我超越决定着一个企业是再塑辉煌还是走向没落。前一个时代辉煌的巨星,往往是最后一个感到变化的人,他们的失败也往往最为惨烈。很多企业往往会从荣誉的顶峰跌至失败的低谷。

在当今商界,"做大做强""做成百年老店"已成口号,且仍不断有新的企业乐此不疲。其原因在于这确实是每一个企业家特别是集所有权和经营权于一身的民营企业家朝思暮想的目标。

而统计数据却残酷地告诉我们———我国民营企业平均寿命3.5年,绝大部分连"五年店"都没开到就夭折了,更遑论"百年老店"了。存活下来的又有相当一部分在经历过初创期短暂的快速发展的美好时光后,就再难实现大幅增长,似乎走到了一个难以突破的"坎儿",甚至几年后同样难逃猝死消亡的噩运,如当年名噪一时的太阳神、三株、春都等。这就是企业经营的"天花板"现象。

成长型电子民营企业要改变这种命运,就必须通过适时、适当的转型以超越自身,进而实现企业突围,冲破"天花板",上升到新的高度。这种转型意味着变革创新,包含企业家自身、发展模式、运行机制三个有内在逻辑关系的不可颠倒的层面。

客观地讲,我国民营企业目前的生存和发展环境与国有企业和外资企业相比还有一定差距,通常需要企业家付出超出常人想象的努力,在企业起步之初通常都不可避免地会有企业家本人"个人英雄主义"的影子。因此,实现民营企业转型必须从企业家自身转变思想观念开始。

而在华龙电子,陈亚龙是技术型人才,是推动华龙转型最合适也是惟一有效的人选。陈亚龙对周围环境时刻保持着高度的敏锐感,敢于颠覆原有的思维模式和成功经验,不断否定自我,积极推动华龙电子的创新,自始至终承担责任和最终风险。

2005年,7月,陈亚龙为10名有贡献的员工配车,但自己还是乘坐普通的小轿车。陈亚龙一直说,员工开上了好车,他才开好车。

2019年,华龙电子已有50人拥有公司配发的车辆,其中一次性给10名骨干配备了10辆奥迪车。

华龙力量,是指华龙以雄厚的技术品牌积累,携手中国企业伙伴,打造强大的产业集群,壮大中国电子企业力量。

华龙智慧,是指华龙处于中国电子产业链中的尖端,以科技和管理智慧,引领业界发展。

华龙骄傲,是指华龙通过携手产业链合作伙伴,致力于在世界为中国电子创造赢得话语权和地位。

据华龙高管介绍，今天的华龙电子不但自己已经从幕后走到了台前，还利用自身优势和影响力连接了全国的企业伙伴，完善了中国电子产业布局，赢得了行业的话语权。

"身为中国人，当有中国心。我们有决心、也有能力为完善中国电子产业链做出更大贡献，推动中国制造向中国创造转变，成为中国创造新格局的典范！"

二十九年光阴，之于浩瀚历史长河，不过是弹指一挥间。

但二十九年的时间，对于"华龙电子"的立志与追寻，则是难以磨灭、意蕴悠长的历程。

这二十九年，是"华龙电子"立足中国、连接世界，致力于推动民族电子产业进步的二十九年。

这二十九年，也是"华龙电子"心怀梦想，敢于迎接任何困难与挑战，不断赢得肯定与鼓励的二十九年。

这二十九年，更是"华龙电子"为中国电子行业在未来实现更大跨越而奠定基础的二十九年。

二十九年风云际会，我们从未如此真实地经历着产业发展的日新月异,竞争格局的旌旗变换。

二十九年流光溢彩,我们也从未如此深切地体会到电子信息科技正怎样深刻地影响着人们的生活。

二十九年风雨,梦想如灯。二十九年足迹,清晰如故。

"华龙电子"在这二十九年里的每一点进步,既是过往的足迹,更是未来的起点。

大成在德,小成在智。智商高的人凭借自然的优势,可以通过高难度的等级考试,可以在复杂的案发现场做出判断,进行分析,可以拥有大笔财富,可以获得美好爱情,这是小成。可是相对于千变万化的社会与自然,一个人的智慧毕竟是有限的,在很多完全超过自身智力范围的情况下,怎么办?依靠德性,因为德性是以他人、以社会整体力量为思考的核心,只有在这个层面上打破个人的思维困境,形成超越性的突破,为整体带来更高一级的成功。当然,在以整体的思维形成突破的时候,个人也就顺带获得了成功,此时的成功是大成。

我们期待着"华龙电子"在未来不断深化发展,为产业带来无限的创想空间,担当中国电子行业的代表,成为中华民族的骄傲!

华龙电子何来这样的自信?"我们经过这么多年的发展,客户群已经很稳定了,国内产品又都是定点,所以订单很稳定。"正如陈亚龙介绍的那样,目前华龙电子的客户群已覆盖了主要的世界知名企业,在电子行业也已具有一定的知名度,国外大厂商纷纷主动联系合作。"我们正在努力进入行业世界前十位。"陈亚龙说道。为国际著名半导体企业配套,成了华龙电子未来的发展目标。

我不知道陈亚龙是否清楚吉格勒定理,但我知道,已经走进不惑之年的陈亚龙依旧精力充沛。这从他一边跟世界大佬叫板,一边做国人电子,还组织重兵杀入祖国大陆市场就可看出一二。本以为这已经是最密集的编排了,哪知道,这些不过是棋局里的一小步,因为在陈亚龙的心中,还有一个更宏远的规划和更美丽的蓝图在时时召唤着他。

近年来,华龙电子稳步调整到中、高端产品发展方向,逐步放弃微利、无利产品,加快中、高端新品开发进度,2013年开发新品29个,包括SOT、IC、220系列产品。2019年公司已拥有290余种产品,专利49项,其中发明专利3项。也是国内同行中产品门类最多的生产企业,且中、大功率框架占据着国内40%的市场份额,公司已成为国内主要半导体封装用户的最佳供应商。

善兵者,谋势于未发之始。围棋中,关于布局有很多流派,而初始阶段的布局对于下棋过程中的定式和变化影响非常之大,所谓善弈者,通常就是善谋之人,初始阶段的行为,很有可能就决定了整个棋局的胜负。

华龙电子员工陈明明,是电镀工程师。在陈亚龙带领下,他已成为宁波市首席工人、宁波市五一劳动奖章获得者。

　　员工袁浩旭大学一毕业就在华龙电子工作,是冲压模具的设计员,一直兢兢业业,2017年被评为宁波市首席工人、钱湖工匠。

　　2010年,华龙电子研发的"新产品极大规模集成电路产业化项目"参与了国家02专项工程。为开发研制LQFP44集成电路引线框架,华龙电子引进瑞士阿奇高精度慢走丝切割机床。为打开国际市场,华龙电子引进日本电产京利80吨高速冲压机、日本瓦西诺光曲磨等设备。国大于家。华龙电子全体上下为了该项目研制成功,投入大量时间、废寝忘食,陈亚龙吃住都在厂里。

　　在创新研发过程中,为了引线框架的一项关键尺寸达到图线尺寸比例的中间值,陈亚龙一直同技术人员同吃同住,通宵达旦,经过多次改进设计,使该项目关键尺寸达到了图线公差的中间值。

　　当时,项目组的人员都认为数值已经达到顶峰,已经符合图纸要求,没有必要再较真。但陈亚龙心里一直有自己的标准,每次研发都要做到极致标准,他喜欢不断雕琢自己的产品,不断改善自己的工艺,享受着产品在双手中升华的过程。他的目标是打造本行业最优质的产品,其他同行无法匹敌的卓越产品。他追求卓越的创造精神、精益求精的品质精神、用户至上的服务精神。

　　当今社会心浮气躁,追求"短、平、快"(投资少、周期短、见效快)带来的即时利益,从而忽略了产品的品质灵魂。因此企业更需要工匠精神,才能在长期的竞争中获得成功。当其他企业热衷于"圈钱、做死某款产品、再出新品、再圈钱"的循环时,华龙电子坚持"工匠精神",依靠信念、信仰,着力产品不断改进、不断完善,最终,通过高标准要求历练之后,成为众多用户的骄傲,无论成功与否,这个过程,他们的精神是完完全全享受的,是脱俗的,也是正面积极的。

华龙人至今记得,在和南通富士通合作过程中(国家O2专项),生产副总忻忠勇所讲述的任务难度之大,令人难以想象:"目前已有的国外先进切割机床都是200多万元一台,关键它是精锻锻出来的,所以成本相当高。做出来的产品平整度小于0.02毫米。"0.02毫米,肉眼根本看不见,一次次反复检验,也再一次证明华龙人的"金属雕花"技能。

从华龙电子人的身上,能看到中国式的"工匠精神"。工匠精神,意味着对一件事情十年如一日的执着;意味着对一件事情的倾尽心血和耐心等待;意味着对创造完美的不妥协和坚持,不惜代价;意味着告诉自己,一定做好一件事,努力实现梦想情怀。

用智慧、用心血,华龙人浇灌出华龙卓越的品质。

华龙人在亿万双眼睛的注视下将"万无一失"变成了铁一般的事实!

华龙人证明了这样一个创造寓言:只要心中有山,就没有达不到的高度。

工匠精神

说到工匠精神,人们总会想起瑞士手表,百达翡丽、劳力士、江诗丹顿这些顶级豪表,全都产自瑞士。一块手表价值千万元,却有让人不得不服的理由:小小机械表壳里,能有744个零件,最小的细如毫发。一个顶级表匠全身心投入,一年只能制造出一块。这样的一丝不苟,让瑞士手表成功地从日用品变身奢侈品,百年不衰。

"工匠精神"这两年渐渐成为一个常被提及的、时髦的词汇。记得在2016年的全国"两会"上,"工匠精神"再次成为一大热词。李克强总理在《政府工作报告》中指出,要大力弘扬工匠精神,厚植工匠文化,恪尽职业操守,崇尚精益求精,培育众多"中国工匠"。

说到"工匠精神",我相信大多数人都会不由自主地想起瑞士的手表、德国的制造业、日本的精细化管理。也正是这些国家对"工匠精神"的尊重与传承,所以他们才是我们脑海中第一个浮现的品牌、名企。网上曾流传一组数据,截至2012年,全球寿命超过200年的企业,日本有3146家,为全球最多,德国有837家,荷兰有222家,法国有196家。抽样调查显示,中国民营企业平均寿命仅3.7年,中小企业平均寿命更是只有2.5年,中国大公司的平均寿命是7-9年。为什么中国的中小企业都如此短命呢?个人认为除了国家社会客观硬件环境因素外,更重要的是,他们都在传承着宝贵的"工匠精神"。

首先,工匠精神要与企业文化融合。企业项目要大力提倡"干一行爱一行、干一行钻一行",弘扬劳动光荣的理念,纠正轻视劳动者特别是轻视普通劳动者的不良风气,在企业内部、项目部内部让员工树立工匠意识、工匠理念,让脚踏实地、精益求精、精雕细琢的工作理念,以及对职业的认同感、责任感成为企业文化的价值追求。其次,工匠精神要融入项目生产经营。在工匠精神的引领下,华为为解决一个在跌落环境下致损概率为三千分之一的手机摄像头的质量缺陷,投入数百万元人民币测试,最终找出问题并解决。为解决某款热销手机生产中的一个非常小的缺陷,华为荣耀曾经关停生产线重新整改,影响了数十万台手机。企业要想发展的好,只有将追求卓越的创造精神、精益求精的品质精神、用户至上的服务精神融入到生产经营中,把握工匠精神的内涵。再次,要建立完善的激励措施。对能够在群众性技术创新、发明创造等方面取得成绩或者给予合理化建议的员工要给予相应的奖励,从而唤醒员工的创新责任和主体意识,增强职工主人翁责任感,激发职工创新热情、创新思维和创新潜力。

最后,工匠精神要落实在行动上。项目部每个员工都要深刻领悟工匠精神,每做一件事情都要精益求精,少一些浮躁,多一些纯粹;少一些投机取巧,多一些脚踏实地,少一些急功近利,多一些专注持久,静心做事、踏实做人,把自己工作当成一件雕刻的艺术品,追求完美,精益求精。要积极开展"导师带徒"充分发挥传、帮、带作用,提高专业技术水平、岗位操作技能,再者就是要加强教育培训,针对不同对象、不用岗位、不同特点,开展多方位的培训,提高培训质量,提高员工技能水平。工匠精神不是一蹴而就的,它需要我们企业系统的耐心的培养,并且在企业发展过程中,一代一代的传承,可喜的是我们已经用实际行动在践行着工匠精神,从项目部班子领导至项目工程质量、技术人员,在脑海中都已经深深地烙下了做好四局工匠人、工匠心的坚定信念,相信在未来,我们会有越来越多的工匠人才,让我们怀匠心,践匠行,做匠人,为中国中水电四局深圳地铁项目部的发展做出更大的贡献。

(王永军,2017年发表于《青海热线》)

第三篇　龙的图腾

　　人生就像是一串珍珠手链，那些发生在我们身上可喜可悲的事件就是一颗颗形状不一的珍珠，而性格、价值观则是中间牵引的线，串起了我们命运的起点和终点。中国电子行业就是一颗颗的珍珠，而中间串珠的

绿色开放共享　喜迎八方来客

线,则是华龙电子一直坚守的"环保计算"以及"创新"的理念,正是这些理念,指引着华龙电子登上了一座又一座的高峰,实现了一个又一个的突破。下面让我们一起走进华龙电子的"环保计算"。

时代的飞速发展,不断冲击着人们固有的观念和欣赏世界的视角。

在经济水平相对低下的过去,人们一致地,仿佛是顺应历史潮流地认为经济的发展、现代化是第一位的,所有与之相悖的阻碍都应革除。可随着世界经济的腾飞,环境的不断恶化却成了人类最大的担忧——大气污染、水污染、固体废弃物和噪声污染、生态环境的恶化都逼迫着人们不得不思索这样一个问题:经济的发展必须以环境的消耗为代价吗? 高能耗、高排放、高污染的经济发展方式真的是唯一的选择吗?

而在电子技术产业,这个问题同样值得人们深思。

但在华龙,这种情况却能得到解决:他们投入研发资金,废水处理循环再利用,这在宁波电子行业环保治理中起到了很好的标杆作用。

把中国女排打造成世界冠军的袁伟民教练曾说过:"跟西方比,我们的体能各方面都比较差,但运用两个简单的原则就有希望能赢——他们的强项我加强训练赶上去跟他扯平,我的强项我一定要赢他,这样我就有胜算。"事实上,与袁伟民的思路一样,陈亚龙对于已经在性能和稳定性上基本成熟的华龙电子胸有成竹,而他当时的思考更倾向于如何发挥本土企业能更准确地把握客户需求、能更好地实现与客户沟通、能更快速地实现产品的售后及维修服务的优势。

"以己之长、攻彼之短",《孙子兵法》的战略帮助华龙在市场竞争中找到了应对的办法。"实现技术创新加速、实现售后服务弹性",面对一些客户的顾虑,宁波华龙率先提出了"产品+服务"的理念。而这看似简单的办法,却正是解决过去很多华龙电子使用厂商最大顾虑的途径。

"华龙电子的品质好,售后服务更好!"在亲身感受了华龙电子优质到位的服务后,很多与华龙电子配套的企业奔走相告,并主动为华龙做起了广告。要知道,在竞争激烈的电子行业,时间就是金钱,服务质量的提升大大减小了因故障所产生的负面影响,这对于华龙电子来说无疑是个好消息。

当前仅在国内,华龙电子已同福建、甘肃、广东、吉林、广西、江苏、山东、陕西、上海、四川、浙江、河南等地的电子制造企业形成战略合作。与此同时,华龙仍未停止对技术创新和相关专利、专有技术的申请和保护,凭借过硬的技术和有效的创新,每年将产值的3%以上作为研发经费。研发资金的巨额投入,结出了丰硕成果。华龙目前有56项实用新型专利,2项发明专利,并有6项专利正在受理中。华龙的做法获得了国家有关部门的肯定。

在中国企业界,技术派曾经一度处于边缘地位。联想创始人柳传志就曾经说过,联想做研发,都是先把积累做好,水到渠成了再往前走,但诸如华为、百度、中兴等企业,则一开始就是盯着技术做。

事实上，正如华为、百度、中兴等企业一样，尽管所处的行业对于大众而言相对陌生，但华龙从一开始就做技术的做法无疑是令人敬佩的。而在跨国公司眼中，真正可怕的竞争对手，正是像华龙这样敢于用技术向行业叫板的企业。更难得的是，重视技术的同时，陈亚龙从来都不会放松对服务品质的追求。

我们每个人的价值观都会深刻地影响我们的行为，这是毋庸置疑的。类似地，一个企业的行为也受到其核心价值观的影响，换一个角度说，如果要改变一个企业的行为模式，必须从早期价值观入手，而一个企业的行为，也必然诠释了其核心价值观。人生所有的成功和快乐都来自明确的价值观。价值观是人们做人和行事的规范，是决定成功的最终要素，价值观决定人生命运。陈亚龙常常说，要做，就做最好的。"卓越"是陈亚龙最明显的价值观。卓越一词恰如其分地体现出一个企业的综合实力、行业地位和长期发展潜力，追求卓越是雄心壮志的企业和企业家们始终如一的目标。

"卓越绩效模式"是20世纪80年代后期美国创建的一种世界级企业成功的管理模式，其核心是强化的顾客满意意识和组织创新活动，追求卓越的经营绩效。"卓越绩效模式"得到了美国企业界和管理界的公认。世界各国许多企业和组织纷纷引入实施，其中施乐公司、通用公司、微软公司、摩托罗拉公司等世界级企业都是运用卓越绩效模式取得出色经营结果的典范。

在卓越价值观念的引领下，华龙更加强调质量对组织绩效的增值和贡献。"质量"不再只是表示狭义的产品和服务的质量,而且也不仅仅包含工作质量,"质量"已经成为"追求卓越的经营质量"的代名词。"质量"以追求"组织的效率最大化和顾客的价值最大化"为目标,是企业系统运营的"全面质量"。

陈亚龙生活照

陈亚龙更加强调以顾客为中心的理念,把以顾客和市场为中心作为推行质量管理的第一项原则,"组织卓越绩效"把顾客满意和顾客忠诚即顾客感知价值作为关注焦点,反映了当今全球化市场的必然要求。

品牌文化

在企业的经营过程中,陈亚龙也更加认识到重视企业文化的作用,无论是追求组织卓越绩效、确立以顾客为中心的经营宗旨,还是系统思考和整合,都涉及企业经营的价值观。所以必须首先建设符合组织愿景和经营理念的组织文化。

如今,华龙的品牌文化和企业文化在卓越价值观念的引领下蓬勃发展。全力为员工提供事业发展和学习成长的广阔空间,吸引了国内一些电子配套企业合作,"以人为本"的企业文化确保员工以主人翁的姿态活跃在研发机构、生产车间和服务一线,确保公司的服务水平和服务质量始终处于行业的前列。

并且,华龙公司的未来发展战略已全面展开,专注产业、持续经营、保障服务,把"三年内成为技术国内绝对领先、与世界先进技术同步、华龙电子产业和市场占有率达到世界第一"作为三大主要目标,力求保持盈利和发展的动力强劲,成为世界领先的电子设备技术解决方案提供商,成为具有国际知名品牌、较高的行业地位和社会知名度的上市企业。

陈亚龙认为,竞争才是促进行业发展的原动力,只有敢于直面竞争,企业才能获得更好的发展。通过对产品技术的提升和对服务的完善,华龙在与国际品牌的对话中,正获得越来越明显的优势。

在当今这个以人为本的社会里,人的主体地位和价值应得到充分的尊重。企业管理决不能忽视人的存在价值,而管理的人性化不仅凸显了管理者的决策水平和管理能力,更重要的是,这样的管理符合社会发展和文明进步的需求,也符合作为个体的人的心理期望。

在陈亚龙看来,一个优秀的管理者所要努力做的,就是为员工提供或塑造愉悦的工作环境,使员工体会到工作的乐趣,同时满怀信心与希望,使员工深切感受到企业的发展与个人息息相关。人性化管理能够让员工充分挖掘自身的潜能,奉献自己的热情和汗水,为企业的振兴、发展,从优秀到卓越做出贡献。

"管理之神"松下幸之助就常常在百忙之中亲自给取得突出成绩或改正错误并有重大进步的员工打电话,向他们表示感激之情。丰田汽车则是将"心存感激,为了报恩,感谢生活"写进社训。美国汽车管理奇才艾柯尔说:"我平生最高兴的事是看到有中等才能的员工因为受到赏识而发挥出了最大的作用。"现代化的企业管理,不仅仅需要管理的一般知识,更重要的是要懂得将人性化的理论运用得恰如其分。

技术出身的陈亚龙意识到,企业生命的核心是技术、是创新、是研发实力。企业的产品如果没有核心技术,就没有市场话语权,就只能停留在简单的加工制造环节。换句话说,自主创新和创立品牌,是企业走向利润集聚高端的必由之路。

因此,陈亚龙十分注重对产品技术的研发与品牌建设,即使在最初从事手摇电子阶段,他也十分关注产业技术发展趋势与方向,不断改进和吸收先进技术并运用到产品中,不断地为创立品牌而努力。

虽然华龙的技术在国内同类产品中已遥遥领先,但与国际同行业的顶尖技术相比还有很大差距。而技术的提升要靠持续的创新,除了走引进、吸收、创新、提高的基本模式之外,通过并购来获得世界电子的顶级技术是企业短期内提升自我水平与行业竞争力的捷径。

华龙集团外景

华龙作为国内首屈一指的电子行业,在国际上仍缺乏影响力,而品牌在短期内是无法靠投资和营销来塑造的,需要长期的市场占据和积累。国外很多企业在创办初期就有品牌经营意识,能在国际上形成影响力,华龙要想尽快"走出去",品牌的提升无疑是一个必需条件。

通过同世界级的品牌公司合作,实施品牌经营战略,提高企业的知名度,正是华龙所选择的道路;而与全球第三大NXP公司SOT项目合作,有较好的国际影响力,这正是华龙所需要的。

经过多年的努力,陈亚龙计划NXP公司SOT项目已渐成型,这是陈亚龙带领华龙人又一次大胆突破的选择。

NXP(恩智浦半导体)是一半导体公司,由飞利浦公司创立,已拥有五十年的悠久历史,主要提供工程师与设计人员各种半导体产品与软件,为移动通信、消费类电子、安全应用、非接触式付费与连线,以及车内娱乐与网络等产品带来更优质的感知体验。

NXP拥有业界领先的Nexperia移动多媒体解决方案,不论是高端的智能型电话还是超低价手机,以及移动电视、连线(蓝牙、WLAN、UMA)、游戏、MP3音频、MPEG-4视频、数字图像与GPS卫星定位服务等产品都能将移动多媒体的效能水平提升。

它也是业界第一大电视硅芯片厂商,全球每两台电视就有一台使用NXP芯片;业界第一大PC、TV硅芯片厂商,全球每10台电视就有4台使用他们的硅调谐器;所有消费应用ASSP的第三大厂商,每两台数字地面机顶盒中就有一台使用RF前端模块;提供最佳的电视、机顶盒、PC、TV视频质量,拥有最佳的数字自然动作、边缘相关解交错(EDDI,Edge Dependent De-Interlacing)、自动图形控制与MPEG伪影减少技术(artifact reduction)。

NXP还是业界最丰富的多重市场半导体产品的供应商之一,产品包含从基础器件如计时器与放大器到可提升媒体处理、无线连接与宽带通信等功能复杂的芯片等。这些产品专为节省空间与延长电池使用时间所设计,带来了能够根据客户需求量身订制的解决方案,也让最后的修改变得更加简单。

　　2010年,宁波华龙电子股份有限公司的电子市场占有率在行业内遥遥领先;拥有世界上最先进的电子制造技术,成为中国电子行业重要的设备供应商。

　　陈亚龙始终坚信,企业要生存,必须以客户为中心,以共赢为导向。在华龙"以人为本"理念的引领下,华龙坚持技术和服务齐飞,汲取世界最先进技术,华龙电子的技术水平也跨上新台阶;通过宁波华龙的售后体系和营销网络,抢占国外高端市场。

　　华龙电子能够始终保持快速稳健的发展,很重要的一个原因就是华龙历来倡导企业与合作伙伴的双赢。公司的发展离不开客户的支持,客户的成长同样也将给公司的成长带来帮助,华龙要继续坚持与客户的双赢,与客户携手成长。

　　陈亚龙每到一个地方,首先拜访的也是客户朋友。客户就是朋友,

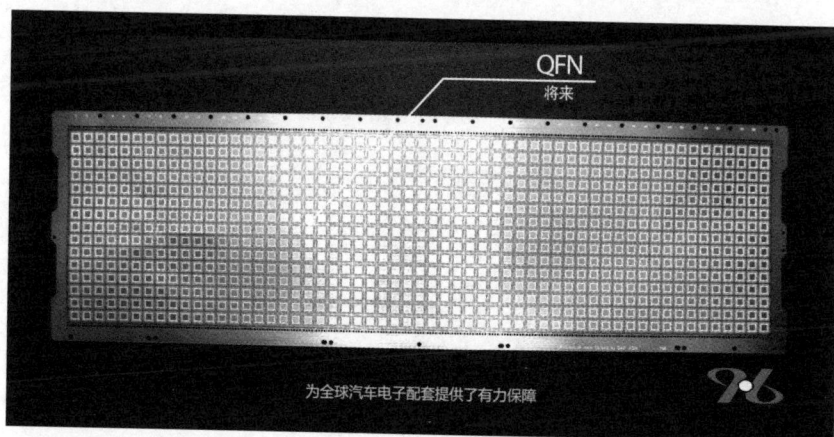

华龙品质　卓越保证

是华龙公司的特色,用陈亚龙的话来说,"一次做生意,终身是朋友"。陈亚龙为人和蔼友善,胸怀宽广,不管大小客户,来到厂里,陈亚龙都要亲自陪同。不管生意有没有做成,都会把客户当朋友。他对客户的态度,赢得了客户乃至竞争者的尊敬。

华龙集团外景

宁波市专利示范企业、宁波市电子行业优秀创新企业、宁波市电镀行业先进单位、安全生产标准化三级企业、宁波市外商投资先进企业、宁波市重点大户借款资信等级AAA级企业、2014—2015年度东钱湖镇科技创新标兵企业等,取得诸多荣誉后,在持续注重品牌建设的道路上,华龙正在向更高的目标迈进。包括联想、华为、长虹、百度等知名企业在内的入围"中国科技名牌"榜的名单中,华龙是电子行业中唯一的入选品牌。此举将为今后华龙申报世界名牌、中国标志性品牌等荣誉奠定基础。

"实现产品自主知识产权，与世界先进技术同步"是华龙技术研发的方向。20余年濡染于电子行业的积累，使华龙积聚了十分雄厚的技术力量和经验，也使企业获得了政府、行业和市场的高度认可。荣誉的背后是华龙注重持续增强产品研发能力的汗水和心血。

为了准确把握市场需求，"到客户中去"成为华龙企业高层和工程师的必修课。从企业成立开始，为了在规模性市场需求中抓住机会，华龙从不放过任何一次送出去、引进来的学习模式。

这是挑战者华龙向中国制造交出的一份成绩单，而这样磅礴的气势事实上缘于当时还在从事手摇电子生产的陈亚龙早年的豪情："华龙电子，不过是电子的'打印机'，国外企业能做的，中国企业也能做。"

而当时陈亚龙说出这句话的背景是：早在1984年，来自德国的拥有超过130多年企业历史的斯托尔集团就已经进入了中国市场。这个同样生产及销售华龙电子的国外厂家俨然是全球电子业的"大腕"，其市场分布在意大利、西班牙、巴西、阿根廷、叙利亚等国，而以电子基地著称的中国，更是斯托尔最为关键和最为重要的市场。

不仅如此，来自日本的三井已经由原本对中国电子市场的虎视眈眈升级为全面进攻，尤其在中国的北方市场，岛精不断攻城略地，形成了自己的客户群体。

国产当自强。尽管在当时看来,与国外巨头相比,中国电子企业似乎很难再分到一杯羹,但在陈亚龙的眼里,中国的企业绝不会在中国的市场上输给国外企业。

华龙诞生了。在壮士断臂般地砍掉原有的手摇电子生产及销售后,陈亚龙随即携其自主研发的华龙品牌——华龙电子走向市场。此时的华龙,已从原先从事落后的原始生产设备开始向高科技的智能化的制造设备转型。

华龙的客户有无锡华润华晶微电子有限公司、南通通富微电股份有限公司、甘肃天水华天科技股份有限公司、汕头华汕电子器件有限公司、深圳晶导电子有限公司、汕尾德昌电子有限公司、无锡红光微电子股份有限公司等。"每一项合作华龙的客户都会享受到来自华龙的服务,这是华龙的一大优势,也是其他很多电子品牌有心无力的地方。"华龙销售副总陈永开说。

在市场调研中,华龙发现,华龙电子生产效率高,自动化程度高,而且对操作者也提出更高的要求。客户在购买华龙产品的过程中,更多的顾虑是其购买后的使用、打版等问题,消除客户的这种疑虑的最简单也是最有效的办法就是增强服务能力。

"大成"是陈亚龙的梦想,也是他的标尺和愿景。当前,中国华龙、德国斯托尔、日本三井已经被行业人士定义为全球电子产业前三强。尽管论企业历史,年轻的华龙与后二者相比差距甚大,但已经连续及年产销量双双获得行业最高的华龙,却以事实展现了他给全球电子产业带来的不可忽略的"华龙力量"。

华龙的发展史,事实上就是一部自我超越史。这是中国企业自强不息努力奋斗的一个缩影,也是在新的历史时期下中国企业面对现代产业发展书写的光荣与梦想的篇章。

华龙集团外景

华龙一路走来,一路演绎着中国企业在高科技领域创造的奇迹。

而这种现实超越梦想的裂变式发展,已经使得华龙有了足够的实力与信心来实现其更大的雄心。

华龙建立了现代化流水线的生产流程,这也标志着华龙已经形成了集自主研发、精密生产、品质检验三大过程为一体的现代化全流程生产体系,也为华龙"产能提升、品质提升"的目标奠定了扎实的基础。

在华龙电子生产基地,有心人会发现,传统的以人工操作为主要手段的"中国制造"方式在华龙已经渐渐消失,取而代之的则是使用日本电产京利80吨高速冲压机、日本瓦西诺光学曲线等设备的加工流程。通过使用世界顶级的设备,华龙不仅实现了减少人工生产操作的烦琐和无序,更重要的在于进一步确保了产品品质与稳定性。

"不断增强自主创新能力,不断引进和吸收国外先进的研发和生产模式,是确保华龙始终站在行业领头位置的前提。"华龙掌门人陈亚龙身上有着浙商所独有的灵慧和眼光。而这种思路亦驱使他不下数十次地往返国外有关国家及地区,考察和汲取国外先进企业的一系列模式,并将之运用到华龙身上,进而形成华龙独有的一套体系。

华龙集团员工作业实景

　　事实上,从创建至今,华龙用了二十九年时间,为我们演绎了一段神话般的中国电子企业崛起和壮大的奇迹,而在已经取得一定成就的今天,华龙更伟大的梦想之旅才刚刚开始。正如陈亚龙所言,如今,摆在华龙面前的,是一条充满挑战并且拥有足够吸引力的光明的道路。

团队协作　精耕细作

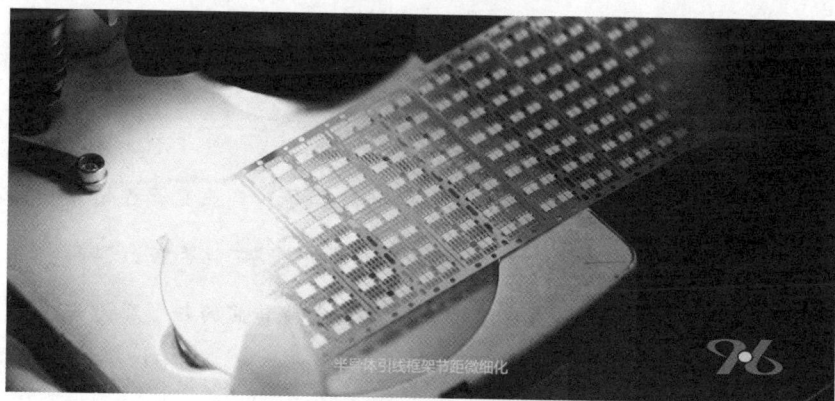

华龙电子的高品质构造

新时代呼唤企业家精神

"十三五"规划指出,要"激发企业家精神,依法保护企业家财产权和创新收益"。这是中共中央第一次把"企业家精神"正式写入党的文件,是在经济发展向"新常态"转变的关键时期提出来的。在十九大报告关于"深化供给侧结构性改革"部分,习近平同志又再一次提出了要"激发和保护企业家精神"。

从古代的"童叟无欺"讲求诚信的经商之道,到现代社会的"爱岗敬业、遵纪守法、艰苦奋斗;创新发展、专注品质、追求卓越;履行责任、敢于担当、服务社会"。"企业家精神"经历了不同历史时期的时代变迁,经历了从无到有的文化积淀和观念转变。从经济学的角度来讲,企业家精神是重要的生产要素之一。企业家精神直接影响着经济市场乃至整个社会发展的活力。当前,世界经济结构正处于深度调整的关键期,中国经济发展步入新常态,创新驱动、责任担当成为国家发展的重要软实力,因此聚焦企业家精神更具时代价值与意义,也是新时代社会发展的必然呼唤。

当前,在全世界范围内新一轮科技革命和产业变革已悄然兴起,国内经济发展正处于转型升级的关键期,能否在激烈的竞争中独占鳌头,能否在经济向高质量发展转变的转型压力中爬坡过坎、奋勇前进,直接考验着企业家的创新能力、责任坚守与担当意识。企业家精神是经济实现高质量发展的动力源泉。

富有企业家精神的人，是专注品质、追求卓越的人。让用户更满意，使产品和服务更细致、更人性化，是具有企业家精神的企业家们的不懈追求。富有企业家精神的人，是敢于担当、服务社会的人，是具有奉献精神的人。虽然追求利润和积累个人财富是企业家的天性，但是富有企业家精神的企业领军人物都懂得为他人、为社会付出、奉献得越多，自我的个人梦才能够获得更广泛的社会认同与尊重，个人财富才能获得更高的合法地位。习近平强调，个体劳动者私营企业协会要发挥好桥梁纽带作用，当好政策法规的普及者、深化改革的推动者、能力素质的提升者、党的建设的组织者，为个体私营企业搭建发展平台、创造发展环境，切实做好各项工作。实现高质量的经济发展新目标，需要以个体劳动者私营企业协会为依托，培育企业文化，大力弘扬企业家精神。

"供给侧结构性改革，重点是解放和发展社会生产力，用改革的办法推进结构调整，减少无效和低端供给，扩大有效和中高端供给，增强供给结构对需求变化的适应性和灵活性，提高全要素生产率。"改革开放40年来，"中国制造"使中国经济获得了极大发展。但如今，随着生产成本的不断抬升，随着消费者消费需求的日益多样化和消费水平的不断提高，越来越需要企业家具有因时而变、主动求变的企业家精神。"变则通，通则久。"不断变革创新，就会充满活力；否则，就可能会变得僵化。供给侧结构性改革的深入进行需要企业家研发新产品、寻找新市场、创新生产方式、设计新的组织形式……这些新的尝试和探索都需要具有冒险精神、求变意识、创新思维及能力的企业家精神保驾护航才能落地生根。

（王克，2018年4月发表于人民论坛网）

人才方阵

作为一个优秀的企业领导者，除了要有"修己心"的本领，还应该具备"治他心"的能力。俗话说，带人如带兵，带兵要带心。领导者只有赢得了下属的心，才能更加有效地完成管理工作。而对于如何赢得他人的心，陈亚龙有一整套自己的方法，"用人不疑，充分授权"就是其中的一项。

陈亚龙一直都认为一个人的精力是有限的，就是再强大的人也很难独立完成组织内的所有工作。对于企业的领导者来说，精力的过度分散即使不能让他一事无成，至少也会让他不能更加完美地完成工作。所以，学会授权就成了陈亚龙的必修课，而在授权之后，学会如何安心地放权更加重要，因为如果你在授权之后还不安心地时刻监督着，那么你的下属注定无法全心投入，负起责任。

正如比尔·盖茨曾说：即使失去现有的一切财产，只要留下这个团队，我能再造一个微软！杰克·韦尔奇曾说：哪怕通用电器所有的工厂一夜化为灰烬，只要能有50名核心骨干，我能一年内再造一个通用！我们相信，有了人，一切便皆有可能。

在宁波华龙电子股份有限公司设有四位副总,分别掌管品质部、生产部、技术部、业务部。各部门分工明确,职责清晰。品质部,主管品保科和品管科,而品管科下又分进科检验、制程检验、最终检验和出料检验。这四位副总,便相当于陈亚龙的左膀右臂,有了他们,他不用再事事亲力亲为,可以腾出更多的精力和时间在战略决策上把握大方向、开拓新思路、制定新方案。这个老板,自然轻松不少。而在泰州,陈亚龙又专门设立了职业经理人,负责管理泰州厂区。自2010年投产,ERP管理便同步实行。有了这远程管理、视频会议,避免陈亚龙两地奔走,工作效率也大大提高。"我很少去那边,除非有重大事情,今年只去过一次。"陈亚龙说道。

整洁、有序、团结、紧张的团队氛围

当老板不累,除了有这样一支优秀的团队,二十多年的经验积累也为华龙打下了坚实基础,发展了一批稳定的客户。五亿多元的销售额,在华龙只需3个销售人员就能达到。而这3个销售人员的工作也是相当轻松,出差少,以走访为主。

华龙电子何来这样的自信?"我们经过这么多年的发展,客户群已经很稳定了,国内产品又都是定点,所以订单很稳定。"正如陈亚龙介绍的那样,目前华龙电子的客户群已覆盖了主要的大型内资封装测试企业,在功率器件引线框架产品制造上也已具有一定的知名度,国外大厂商纷纷主动联系合作。"我们正在努力进入国际大型整合组件制造商在国内设立的外资封装测试企业供应商行列。"陈亚龙说道。为国际著名半导体企业配套,成了华龙电子未来的发展目标。

仔细查验　认真校对

美国的内陆银行总裁D·拜伦就曾说过:"授权他人之后就应该完全

忘掉这回事,绝不去干涉。"

这里,一个管理学上的著名例子很能说明问题。

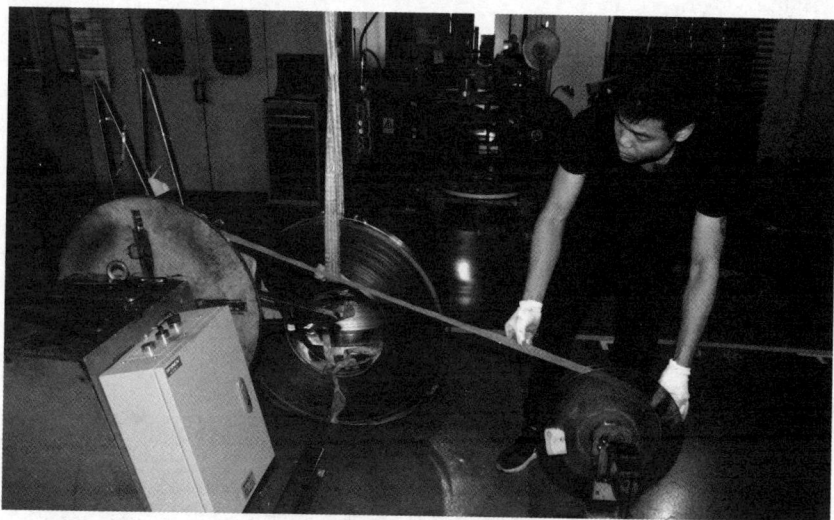

严谨 认真 务实 高效

一日,一位中国主管看见一位美国调色师正在调口红的颜色,便走过去随便问了一句:"这口红好看吗?"那个美国调色师霍地站了起来,义正词严地对主管说:"第一,亲爱的余副总(美国人通常喜欢直呼名字,叫了头衔已表示心中不快了),这个口红的颜色还没有最后定案,到时我会拿给你看,你现在不必担心。第二,余副总,我是一个专业调色师,这是我的专业范围。如果你觉得你调得比较好,下周开始你可以亲自来调。第三,余副总,我这个口红是给女人擦的,而你是个男人。如果女人们喜欢擦,而你不喜欢没有关系;如果你喜欢,女人却不喜欢,那就完了。""Sorry,Sorry……"主管知道自己的问话有些不妥,只得连声道歉。

这个事例告诉我们,如果一位主管时刻监督着下属,这不但会影响他们的心情和自信心,还会在一定程度上影响他们的创意,束缚他们的行动。韩愈说,术业有专攻。在专业的领域,主管尤其应该相信专业人员的能力和判断。既然已经选择了,就应该做到"用人不疑,充分授权"。这方面,陈亚龙做得格外好。

中国语言博大精深,"信任"从来就不是一个简单的词,从创造它的那天起,它就涵盖了"相信一个人的能力""还要委派他一定的任务"两方面的意思,而这也正是陈亚龙自己对"用人不疑"和"充分授权"两个管理心得的总结。

品牌文化的塑造之路

很多人不解甚至质疑苏宁电器迅猛发展的速度,也有人对苏宁电器的快速发展表示过忧虑和担心。

一个当年小小的临街店铺,在众多积聚资金人才资源多种优势的国有商业企业的夹击中,为何短短的几年时间,成为中国空调批发领域的龙头老大?又为何仅利用三四年的时间迅速跃升为中国家电连锁业态的翘楚?余生晚也!可惜苏宁电器的创业时期,本人尚且是一名不谙时世的高中生。但是,自1999年10月份苏宁电器宣布进军综合电器,第一个苏宁电器门店——南京新街口店(现苏宁电器总店)创建以来,本人见证了苏宁电器在家电连锁业的发展历程。通过与众多老苏宁人的广泛接触,本人也因此切实感受到了苏宁电器创业阶段的艰辛,同时也对苏宁电器为什么能够走向今天的成功和光明的发展前景有了自己的认识。如果说与"老苏宁人"和苏宁新秀的沟通交流,我所能够感受到的是苏宁企业文化初始形态,或者说是苏宁企业文化的雏形的话,那么《苏宁基本法》则是对苏宁电器为何成功的完整诠释。

在这里苏宁电器并没有空谈所谓的企业战略,特别是在企业战略战术化、空洞化、口号化的今天,《苏宁基本法》的文字魅力也许并不是很出色。但是,它把流行在老板们口头上的企业战略,作为一种全体苏宁人所必须遵守的工作导向,进而确立了苏宁电器经营发展的最终目标,这使得《苏宁基本法》少了些口号,多了点实际,因而具有了较强的行为引导力和文化助推力,既解决了企业怎么样发展的问题,又明确了苏宁电器为谁而存在为谁而发展的问题。"矢志不移,持之以恒"内含苏宁人的人格韧性,我想凡是与苏宁人有过接触的人,都会切身感受到这一点。

在这种人格韧性的支持下,试问什么样的挑战能够阻挡苏宁人的脚步?"打造中国最优秀的连锁网络服务品牌"就成为一个现实的企业发展目标和最为现实的愿景。

永和豆浆是来自宝岛台湾的餐饮连锁企业。自1985年注册商标以来,就一直秉承"以顾客满意为中心"的经营服务理念,提出经营健康速食新风味的产品决策,将"永远的朋友、和乐的家庭"作为公司的服务宗旨。凭借精良的技术及对健康品质的坚持,迅速使永和豆浆餐饮连锁店成为两岸三地中式早餐及中式餐饮连锁的知名品牌,遍布包括港、澳、台地区的中国50多个大中城市;同时它也积极拓展国际市场,跻身国际竞争的舞台,使永和豆浆的网络覆盖到了全世界,其商品及连锁店行销到亚洲(台、港、新、马、菲等)、北美洲、南美洲等20多个国家和地区,力求让全世界有华人的地方都能喝到永和豆浆。公司在拓展国际市场的同时,也意识到了大陆市场发展的潜力,故特于20世纪90年代在上海设立了永和豆浆加盟总部及直营店,确立以中国大陆为战略中心的地位,为永和豆浆连锁店拓展全球网络奠定了更坚实基础。21世纪的弘奇食品将深入世界各地,在祖国大陆将采用区域授权代理及特许加盟为主的战略方式,提供每位授权经营者及连锁加盟主强势的品牌识别、成功的经营KNOW-HOW、实战经验丰富的经营辅导团队。目前,仅麾下的永和豆浆连锁店就已发展到了100多家,对于加盟总部、加盟商及信赖永和豆浆品牌的消费者而言,无疑是你赢、我赢、他赢的"多赢"形式,让每位加入永和豆浆体系的朋友都不只是停留在片刻的热血沸腾上,而是真正地帮助其获得创业的成功,登上事业的巅峰。

对于如何成功地进行连锁经营,永和豆浆的管理者们有着深刻的体味和清醒的思考。一个好的连锁业态并不一定就能够保证通向成功,连锁加盟模式成功的关键,在于先建直营店,再以加盟形式铺开;在于既能连起来,又能锁得住;在于产品的标准化和一致化等连锁加盟企业的核心工作；在于品牌，品牌是连锁业的生命，同业无序竞争会给全行业带来严重危机；在于产品贴近市场，实现本土化，可有效增强连锁企业活力。

基于这些理念，永和豆浆的林总认为，成功打造国际性的永和豆浆连锁品牌的关键，一要营造好永和豆浆品牌化的企业文化底蕴。"永远的朋友、和乐的家庭"，有序经营和气生财，让永和和它的加盟总部、加盟商及信赖永和豆浆品牌的消费者的合作，都建立在你赢、我赢、他赢的"多赢"快乐形式基础上，提供每位授权经营者及连锁加盟主强势的品牌识别、成功的经营KNOW-HOW、实战经验丰富的经营辅导团队，构筑永久的永和风、中国情、多方共赢、企业形象、品牌商标等永和企业文化。

第二要建立永和豆浆特有的可复制的规范模式和作业流程（显式规范），建立永和豆浆的潜规则体系，通过统一的作业规程保持永和豆浆每家门店产品、服务高度的一致性，将复杂的烹调工作分解成简单的几个步骤，将生产流程细化、定型化，严格按程序操作。比如永和豆浆的炸油条，各个师傅都要到区域总部做统一的技术培训。而且油条的前处理都是一样的，送到各个加盟店都是已经做好的半成品，各个店有统一的标准作业流程，包括一根油条多少重量，成形标准如何，油温要几度，要转翻多久等等，保证让它变成我们看到的标准的油条。很多消费者有时候认为永和豆浆的东西很贵，油条两块钱，豆浆两块钱，可外面路边摊买的只要五毛钱就有了，但是他们不了解，永和的油都是炸两百根油条就换掉。通过每一环节的规范作业流程为消费者提供统一品质、健康便利的产品和服务。

第三点，要有保证永和豆浆规范运作的有效手段，特别是运用高科技信息技术保证永和作业流程不走样和连锁体系统一经营。永和豆浆集团的管理者们深深明白信息化对当前餐饮连锁企业而言，是在激烈竞争中突围而出的制胜之道！

最后，永和豆浆的林总表示："永和豆浆在迈向国际化发展进程中，成功的关键因素我想还是要实实在在的经营，能够满足消费者的需求，汲取应用更多的科技手段和管理经验，持续性地建设永和豆浆品种的标准化、生产的工厂化、经营的连锁规模化和管理的科学化，创造品牌生命力、创新更多样美味新鲜可口的永和豆浆及传统点心，将中华饮食文化发扬光大，让全世界有华人的地方都能喝到永和豆浆，这样，永和豆浆成为全球中式餐点连锁第一品牌以及世界性的餐饮连锁品牌就指日可待了"。

青岛海尔集团创立于1984年。那时，海尔是个亏损147万元、濒临破产的小厂——青岛电冰箱总厂。后来在张瑞敏的领导下，因为有了海尔的企业文化作为先导，海尔集团经过十几年的时间，逐渐发展壮大，成为当今中国家电行业的排头兵。海尔集团在企业文化建设上可谓独树一帜，海尔集团的企业文化不但得到国内专家和舆论的高度评价，还被美国哈佛大学等世界著名学府收入 MBA 案例库。海尔集团企业文化的最大特色、最值得称道的,就在于它把服务和创新变成企业文化的精髓。

海尔集团的服务理念和服务文化,不是仅仅体现在一般企业关注的售后服务上,而是贯穿产前设计直到产后销售的整个过程,融入到海尔文化的血液里。

从产前设计来看,海尔集团的产品要满足消费者的个性需求,即使一台产品也生产。海尔集团推出"B to B 快速定制方案",让商家根据所在地域消费者的特点和习惯设计产品。海尔按需制造,实现与用户的零距离对接,满足消费者的个性需求。甚至顾客如果想拥有和购买到与众不同的海尔产品,还可以直接在海尔网站上亲手"设计定制",提出自己对所需产品的设想和建议,由海尔开发设计供货。在海尔的历史上,有17个小时将美国海尔贸易公司总裁迈克海尔的建议变成样机的记载。在信息化时代,用户的需求已经从"一件产品"变为"一整套解决方案",海尔的"成套家电"就是为用户提供解决方案的服务之一。"一台产品也生产"、亲民的"设计定制"、"整套解决方案",让海尔赢得了更多有特殊需求的用户,也大大地赢得了国内外市场。

从生产环节来看,海尔集团的质量意识就是"有缺陷的产品就等于废品","宁可损失上万元,也不给用户添麻烦"。20世纪80年代初期,国内不少企业将产品分为一等品、二等品、三等品和等外品，而且这些产品最终都让它出厂。但是，海尔人却把质量当作生命来看。1985年，76台冰箱经检验不合格，张瑞敏命令责任者当众砸毁了这些不合格冰箱。至今，在海尔科技馆里，那把闻名遐迩的大铁锤还在向人们诉说着质量与品牌的故事。海尔人的"市场链"理论提出，每个人不再对他的上级负责，而是对他的市场负责，"下道工序就是市场"，"下道工序就是用户"，以市场链工资激励员工使其价值取向与用户需求相一致。海尔实行严格的"三检制"，成立了质检处，定员人数占全公司人数的7.8%。他们开展的"假如我是用户"活动，深入到了每一个海尔人的心中。

从售后服务环节来看，海尔人的文化理念是"海尔卖的是信誉，而不是产品"；"售后服务是产品的一部分"；"用户永远是对的，解除用户烦恼到零，海尔真诚到永远"。在售后服务领域，海尔集团已将接待设施、标准用语、维修程度、管理程度等许多方面的CI指导思想制订成了统一的标准模式，并已在各售后服务部门实施。同时，海尔集团制定了"4个不漏"政策：一个不漏地记录用户反映的问题；一个不漏地处理用户反映的问题；一个不漏地复审处理结果；一个不漏地将处理结果反馈到科研、生产经营部门。

海尔的服务理念和服务文化给了我们很多的启示。在产品同质化日益严重的今天，许多企业都意识到了售后服务的重要性，售后服务已经成为厂家和商家争夺消费者的重要领域。

但是很少有企业像海尔那样,从产前设计和生产环节就植入服务理念和服务文化。有的企业甚至无视售后服务,与消费者"捉迷藏""兜圈子",这样的企业是不会在激烈的市场竞争中站稳脚跟的,更不用说发展壮大了。

因具有创新精神的企业文化而将企业逐渐发展壮大的国内企业也有不少,海尔集团就是十分典型的一例。

"斜坡球体论":海尔人认为,企业在市场上的地位犹如斜坡上的小球。要使小球不下滑,需要有止动力,也就是企业的基础管理;而要使其不断向上发展,还需要上升力,也就是创新。"斜坡球体论"被海尔企业管理者称为"海尔发展定律",是海尔创新文化的内核。海尔文化以观念创新为先导、以战略创新为基础、以组织创新为保障、以技术创新为手段、以市场创新为目标,伴随着海尔从无到有、从小到大、从大到强,从中国走向世界,海尔文化本身也在不断创新、发展。

最大的敌人是"创新的惰性"。海尔在成长了20多年后,全球营业额已突破1000亿元,张瑞敏却从那些凭借创新而领先的公司,比如英特尔、戴尔、柯达等都在遭遇困境的情形中真正感到,他"唯一害怕的是自己","创新的惰性"这个"内部敌人"已经成长为一个庞然大物。海尔从此在组织能力、企业文化、价值创新等方面,对付大企业病、官僚主义等,消除惰性这个创新的隐性伴侣。海尔正是在不断的自我审视,不断的自我否定,不断的自我战胜中前进和发展的。

　　海尔确定的市场战略是:生产一代,研究一代,构思一代。海尔注重产品的研究与开发。如果海尔的哪种产品不受欢迎了,他们就改变产品本身,开发新的产品,提升它的价值,向消费者提供物有所值或物超所值的产品。海尔靠创新和发明,赢得了广大的用户,赢得了市场。仅海尔研制开发的"不用洗衣粉的洗衣机"这个产品里面,就含有32项专利,包括18项发明专利和2项国际发明专利。海尔在持续自主创新的基础上,实现了从单项技术突破到集成创新的发展,从单个产品到国际化标准创新和创造的发展。

　　"你能翻多大跟斗,我就给你搭多大的舞台。"海尔提出,"在海尔人人是人才";只有给员工提供个性化的创新空间,才能满足外部用户的个性化需求。为了鼓励员工创新,海尔以员工姓名命名发明创造。多少年来,不仅是科研部门,生产线上员工的小创新、小发明也比比皆是。海尔平均每天都有专利申报;平均每天都有新开发的产品。

　　美国学者加里·哈默在他的《管理大未来》书里说过:"将人类束缚在地球上的,并不是地球的吸引力,而是因为人类缺乏创造力。"温家宝总理曾经说过:"学海尔,就要学海尔的创新。"海尔创新文化已成为众多企业家倾心向往的管理境界。作为市场经济的主体,近年来我国企业自主创新能力明显增强,与有竞争力的国际大企业相比较,还普遍存在着巨大的差距和劣势,主要原因是企业的 R&D 投入不足、企业创新意识不强、企业缺乏创新型人才、技术创新能力较弱,等等。我们应该从海尔的观念创新、战略创新、组织创新、技术创新、市场创新里面学习、借鉴、吸收一些精髓的东西,不断提高企业的自主创新能力,增强企业的竞争力,实现企业的可持续发展。

海尔作为中国制造业的典范,其成功的管理模式已成为全世界学习的案例,海尔的企业文化也为人们所津津乐道。当然,海尔集团的企业文化也不是完美无缺的,也是需要在生产和经营的实践中不断修正、补充和完善的。但是,海尔集团的企业文化中的服务文化和创新文化,却值得我们借鉴,也给我们带来了许多启迪和思考。

(闫国庆:《慧星密码》,浙江大学出版社 2015 年版,第五章:中国企业品牌文化的塑造之路)

专业专注

一个企业只有专注于某个领域,才能取得在这个产业的绝对话语权,盲目涉及陌生领域,对于一个正处于成长期的企业而言是有一定风险的。因此,专业是当前华龙保持快速发展的根本,以更好的产品、更好的服务、更专业的技术服务于企业的客户,专业化经营才可以集中企业所有的人力、物力、财力来生产产品,提高产品质量,提高对客户的服务水平。

宁波华龙电子股份有限公司坚持专业化经营,实现了电子规模经济。

根据中国半导体行业协会统计公布:2015年中国集成电路产业销售额达到3600多亿元,同比增长19.7%,其中,集成电路设计业销售额达1325亿元,同比增长26.50%;集成电路晶圆业继续保持高速增长的态势,销售额达到900.80亿元,同比增长26.50%,增速为近几年之最,集成电路封测业保持较快增长,销售额达到1384亿元,同比增长10.2%。

根据中国海关统计:2015年中国集成电路产品进口总额为3000亿美元,同比增长7.7%,其中进口额为2307亿美元,同比增长6.0%;出口额为693亿美元,同比增长13.90%,进出口逆差为1614亿美元,同比增长3%。

中国是全球集成电路产品消费第一大市场,2015年进口集成电路产品金额达2307亿美元,占2015年世界半导体产品市场产品金额3352亿美元的68.8%。

我国集成电路产业呈集群式分布,主要集中在长三角地区、京津环渤海地区和珠三角地区,以及以西安、成都、武汉、重庆等城市为中心的中西部地区。

2015年,国内蚀刻引线框架的市场规模有所增长,但国内康强、东盛等生产蚀刻引线框架的企业只能满足一小部分的市场需求,江苏省只有住矿电子(苏州)有限公司生产蚀刻框架产品。QFN、DEN 等蚀刻类引线框架产品将会是今后几年的主要发展方向,发展空间较大。

将企业的资源优势集中投放到某一产业或产品领域,这样有助于降低成本,实现规模经济,满足客户需求,继而形成、强化并持续增强其核心竞争力。专业化的经营使企业能够集中有限的资源,专攻一点,不断创新,永远走在电子领域的前列,并借此提高华龙电子领域的进入门槛,制定行业标准,有效阻挡竞争对手的进入。

守望质量是企业家的责任。

创业 29 年以来,华龙始终视质量为企业的生命。

创业 29 年以来,"品牌兴企,质量立业"始终是华龙坚守的管理理念。

他们请专家,付出了比别的企业大得多的成本,但是也获得了比别的企业多得多的回报。

华龙人,在生命的轮回中学会了树的智慧,守望着自己最初的誓言:质量就是责任。

21 世纪企业的竞争,实际上就是企业文化的竞争,企业文化是指全体员工在企业创业和发展的过程中,培育形成并共同遵循的最高目标、价值标准、基本理念及行为规范。它是组织观念形态、制度与行为,以及符号系统的复合体。企业文化不仅仅是企业综合实力的体现,也是一个企业文明程度的反映,更是知识形态的生产力转化为物质形态生产力的源泉。

近年来,在华龙战略的引领下,宁波华龙电子股份有限公司和深圳深爱半导体股份有限公司建立了长期合作伙伴关系,为深爱半导体股份有限公司长期持续供货提供了可靠的保障,特别是2016年下半年以来,铜价持续走高,华龙公司并没有因为一些客观因素而断供。陈亚龙董事长在听取公司业务部门的汇报后,明确要求公司各部门尽全力配合支持,积极保持与深爱半导体股份有限公司业务员的有效沟通,保证供货及时性,确保对方的生产正常进行。华龙公司品质部在处理质量问题时,总能及时高效、认真分析质量事故因由,解决客户疑惑,同时也为华龙公司的产品质量保驾护航,为华龙公司树立了良好的企业品牌形象。

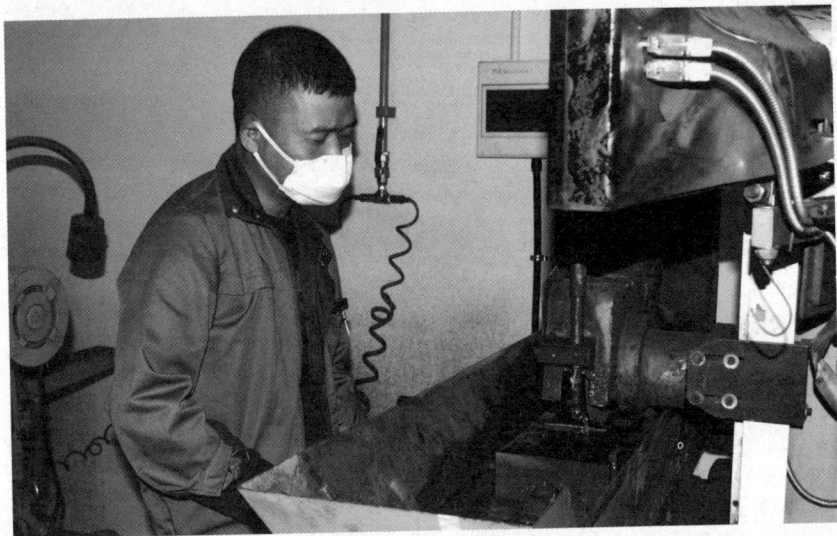

精益求精 悉心细心

精细作业一景

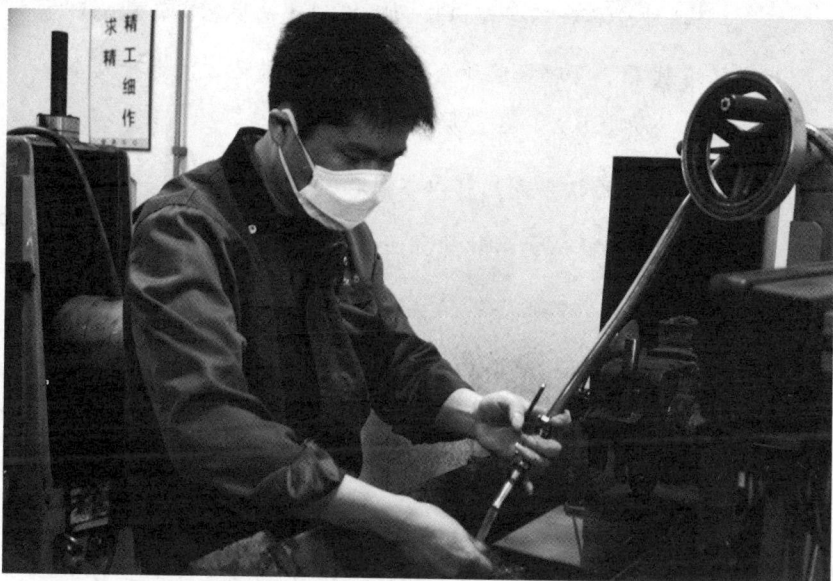

一丝不苟 全心全意

充分激发中小企业发展活力

无论是从地位作用来看,还是从实际贡献来说,促进中小企业健康发展,对于推动我国经济实现高质量发展、行稳致远,具有十分重要的意义。

让中小企业的活力充分迸发，要解决实际问题，通过抓落实给中小企业带来实实在在的获得感。

中小企业不仅是国民经济和社会发展的生力军，也是扩大就业、改善民生、促进创业创新的重要力量，在稳增长、促改革、调结构、惠民生、防风险中发挥着重要作用。

"坚决破除各种不合理门槛和限制""进一步落实普惠金融定向降准政策""清理规范涉企收费，加快推进地方涉企行政事业性收费零收费"……前不久，中办、国办印发《关于促进中小企业健康发展的指导意见》（以下简称《指导意见》），从营造良好发展环境、破解融资难融资贵问题、完善财税支持政策等六个方面，对促进中小企业健康发展提出了23项具体意见。"含金量"充足的惠企政策，实实在在的支持举措，为中小企业送上了一份"大礼包"，让中小企业坚定了心无旁骛谋发展的信心。

管理学上有个"隐形冠军理论"，指一个国家的出口贸易和经济持续发展，往往会得益于中小企业，尤其是在国际市场上处于领先地位却"籍籍无名"的中小企业。对于中国的中小企业，更有人形象地指出，"中小企业贡献了约50%的税收、60%的GDP、70%的技术创新、80%的就业，我国99%的市场主体都是中小企业"。无论是从地位作用来看，还是从实际贡献来说，促进中小企业健康发展，对于推动我国经济实现高质量发展、行稳致远,具有十分重要的意义。

也正因此,习近平同志为核心的党中央始终高度重视中小企业,充分肯定中小企业在中国经济发展中的重要地位,千方百计促进中小企业发展。从在广东考察时强调"中小企业能办大事",到主持召开民营企业座谈会,再到今年全国"两会"参加代表团审议时要求为中小企业发展"提供有利条件",中小企业的健康发展一直是习近平总书记念兹在兹、高度关注的问题。这次《指导意见》的出台,正是进一步贯彻落实习近平总书记要求的体现,必将有利于纾解中小企业困难,稳定和增强企业信心及预期,进一步激发中小企业活力和发展动力。

让中小企业的活力充分迸发,首先就要解决实际问题。这次《指导意见》所针对的,都是中小企业最关心、最直接、最现实的困难和问题。比如,市场歧视是不少中小企业深感烦恼的问题。对此,《指导意见》不仅要求按照竞争中性原则,打造公平便捷营商环境,更提出严格禁止各种刁难限制中小企业发展的行为,对违反规定的问责追责。软性环境的营造,加之刚性制度的约束,为破解难题注入了动力。再比如,长期以来,融资难、融资贵是制约中小企业发展的瓶颈。某地工商联曾统计,民营经济总量占当地GDP比重达到50.5%,但当地民营企业获得的银行贷款不到银行贷款总额度的1/3。融资困难、成本高企,让不少中小企业、民营企业深感压力。正因此,《指导意见》专门把破解融资难融资贵问题单列出来,并从完善融资政策、拓宽融资渠道、支持利用资本市场直接融资等多方面提出务实举措，为中小企业纾解困难。

如果说，良好的外部环境是中小企业健康成长必不可少的阳光雨露，那么增强内生动力则是另一个重要因素。对很多中小企业而言，创新既是一个明显短板，也是发展的机遇所在。事实上，也只有解决创新能力不足这个关键问题，中小企业才能破茧成蝶、赢得未来。正因如此，《指导意见》明确要求"加大创新支持力度"，并把"提升创新发展能力"作为促进中小企业健康发展的重要一环。惟改革者进，惟创新者强，惟改革创新者胜。只有不断创新，一个企业才能与时俱进、兴旺发达。

为者常成，行者常至。好政策能否给中小企业带来实实在在的获得感，关键还得看落实。贯彻好促进中小企业健康发展的要求，是一项事关长远的战略任务。以落实《指导意见》为抓手，既做好"雪中送炭""雨中送伞"的帮扶工作，也多下"添柴加火""添砖加瓦"的培育功夫，我们就一定能让中小企业创新源泉充分涌流，让创造活力充分迸发。

（陈凌，2019年4月17日发表于《人民日报》05版）

社会责任

每个人都渴望得到成功的秘诀。陈亚龙的创业历程和创业故事证实了在企业经营中智慧的力量,同时也阐明了社会责任和人际关系在其中的重要性。归根结底,企业经营行为是人的行为,不管是雇员、老板、银行经理、顾问还是合伙人,他们在企业经营中都同样重要,更重要的是要尊重这些因素共同所处的环境:社会。

在陈亚龙看来,企业家首先是公民,要遵守最基本的公民规则,其次要牢记本质,追求行业创新与发展。同时,中国企业家是社会发展的先进群体,要承担社会责任,要履行责任、敢于担当、服务社会,引导整个社会良性发展。

华龙的创业历程和故事给出了很多成功的启示,包括白手起家的原因和理由,创业中要汲取的教训,要避开的陷阱,成长和壮大的方式,建立更加和谐的劳资关系的方法等等,更重要的是,华龙在坚持企业发展核心价值观的历程中不忘企业发展和社会发展之间的紧密联系,并始终坚持企业自身发展壮大和更好的回报、贡献社会的光辉足迹。

当然,每个国家都有其固有的民族特征和文化积淀,这在很大程度上影响着企业的行为。在中国,"关心社会、回报社会"原则体现了企业经营中的中国传统文化特征,这与企业发展本身本质上并不存在利害冲突。

华龙在企业运营的实践中始终体现了以人为本的价值观,这种古老的观念正被越来越广泛地应用于当今企业界,正如一句古老的谚语所说的:"十年树木,百年树人。"华龙像重视产品一样重视对人的社会责任感的培养,这就是他们的成功秘诀。我想这个秘诀在中国早已广为人知了。

作为人大代表,陈亚龙一直不忘自己的使命和社会责任感,陈亚龙在做人做事方面也体现出自己办企业时的稳健步伐。他关注民生民情,每次人大会议上都要针砭时弊,提出各种议案,积极为民请命。作为东钱湖地区的龙头企业,华龙公司一直热心公益事业,他在做好企业带头人为社会创造财富的同时,积极参与公益事业和各项慈善活动,每年拨出专项资金用于村镇两级的慈善事业。公司每年拨出专门经费为当地农村、社区的孤寡老人送衣送药,2011 年 8 月,公司又出资 20 万元,为东钱湖医院购置了全新的救护车和急救设备。

虽然陈亚龙现在是董事长级别的人物,但其平等、真诚待人的作风还是依旧。据华龙的一位高管介绍,陈亚龙很喜欢和员工交流,而平时吃饭,他也喜欢和员工一起,丝毫没有大老板的做派。华龙的员工会感慨:"他给人的感觉更像是亲密的伙伴,而不是高高在上的老板。"

实际上,这种感觉也是陈亚龙想要的,因为他知道,只有两个人真正处在了平等的位置上,才能畅所欲言地沟通。陈亚龙工作中的一个重要方面就是要了解自己的员工,发现他们的天赋,知道他们的需求和看法,并带领他们获得成功。如果不能和他们平等且真诚地相处,不管是居高临下的姿态,还是恭敬可怜的样子,都不可能真正达到顺畅的沟通。

正是陈亚龙一步一步业精于勤,一点一滴地感恩社会,为陈亚龙和华龙电子一步步带来希望和转机。陈亚龙在1997年创办华龙电子,历经20余年的发展,截至2019年,企业在职职工500多人,年销售额5亿多元,成为国内塑封用半导体引线框架主要生产基地之一。根据《中国半导体行业统计报表》数据,2018年,公司生产规模和销售规模处于行业前2位。同时,凭着陈亚龙较强的经营管理能力和市场开拓能力,公司先后获得宁波市专利示范企业、宁波市电子行业优秀创新企业、宁波市安全生产标准化三级企业、宁波市外商投资企业社会责任先进企业等荣誉,陈亚龙本人也获得"2013年度宁波市十大甬商"的荣誉。

宁波华龙电子股份有限公司区人大代表换届选举工作考察组在同意陈亚龙作为区第十八届人代会代表候选人初步人选时也提出了对陈亚龙的中肯意见:"该同志为人正派,性格和善自律,家庭和睦,与邻里关系融洽,平时能遵纪守法,没有违纪违法行为发生,受到公司全体员工的爱戴和拥护,获得了客户和各级领导的一致信任和好评。"

美国加利福尼亚州就曾做过这样一项研究:经过反复的实验、计算和考证,他们发现来自领导层的信息只有20%—25%被下级知道并正确理解,从下往上反馈的信息不超过10%,平行交流的效率则可达到90%以上。而平行交流的效率如此之高,是因为平行交流是一种以平等为基础的交流。若是能在整个企业内部建立一种平等沟通的机制,那么就可以大大增加领导者与下属之间的协调沟通能力,使他们在价值观、道德观、经营哲学等方面很快地达成一致;可以使上下级之间、各个部门之间的信息形成较为对称的流动,业务流、信息流、制度流也更为通畅,信息在执行过程中发生变形的情况也会大大减少。

这个研究正好为陈亚龙的看法提供了佐证：平等交流才是企业有效沟通的保证。正是通过自己平日里平等真诚的待人方式，陈亚龙除了赢得了员工的尊重外，还赢得了他们忠诚的心和优秀的业绩。

华龙电子Logo

也许每个企业家都应该牢记：平等产生交流，交流产生忠诚，忠诚产生效率，效率产生竞争力。

陈亚龙平时比较随和，然而工作中的陈亚龙却十分稳重，谨小慎微。关乎企业决策决定、把关定向、生死存亡之事，不到万不得已，他不走险棋。所以，陈亚龙会在确保现金流没问题的前提下，对供应商从不压款，每月准时结账。虽然陈亚龙也完全可以三个月后再给，毕竟对其他供应商们来说，华龙在行业的量属于老大级别的，但是陈亚龙没有这么做。他认为，办企业和做人是一个道理，信誉感和责任感是最基本的。看起来华龙好像吃亏了，实际上却并非如此，因为陈亚龙心里有杆秤：做生意首先是做人,当你有人格魅力的时候,会给工作带来很多便利。陈亚龙这个做法带来的好处是,供应商把他当财神,同时加上陈亚龙谦虚的态度,供应商会慢慢把他当朋友,人总是有感情的,那么,长此以往,陈亚龙的样品肯定是放在第一位的,人家到货需要15天,他的只要3天,旺季的时候,如果陈亚龙的配件断货了,别家早断了半个月了。时间就是金钱,陈亚龙和供货商成为朋友,还赢得了很多同行进一步的深入合作。

华龙企业发展的外部性决定了企业须承担相应的社会责任。企业发展涉及许多利益相关者,从而形成复杂的责任与利益关系。企业发展依赖于公共基础设施建设、产业发展和市场发育等,这些构成企业发展的社会条件。同时,企业运营对交通、环境及居民生活有重要影响,会产生许多公共成本,并且难以通过简单的市场交易实现相应的补偿。这就是企业发展的外部性,其中的外部经济容易被社会吸纳,而外部经济往往成为严重的社会问题,如环境污染问题。现实中还存在许多"搭便车"现象。这些没有通过契约规范体现出来的利益损失,大都需通过企业承担社会责任加以弥补。这是社会和谐的必要条件,也是企业赢得长远发

华龙电子革故鼎新地

华龙电子门牌

展的重要途径。事实上,企业承担社会责任,会获得广泛的社会认同,从而生成更强的持续发展能力。

品牌建设在企业经济建设中的作用

从我国市场经济环境在改革开放近四十年的发展和变迁历程来看,自进入21世纪以后,品牌消费的观念在市场消费者群体中渐渐占据了其消费意识的上风。这种上风的形成,一方面得益于消费者以口口相传的方式,自觉或不自觉地将自己中意的品牌及其所具有的风格、特色、品质、服务等传递给周围人群,在周围人群中建立起先入为主的印象,对周围人群的后来消费产生导向作用。另一方面得益于改革开放、搞活经济后企业对于品牌建设的重视,改革开放打开了中国对外贸易的大门,不仅有许多国外优良的品牌涌入中国市场,对本土民族产品造成冲击,更有国外企业先进的品牌建设理念和品牌建设技术令国内企业望尘莫及,相形见绌,于是,国内企业在痛定思痛之后,开始重视并努力打造基于品牌建设的市场营销观念。正是在这两方面因素的共同作用下,我国众多消费者一改沿袭了多年的、传统的"物美价廉"的消费观念,将品牌消费观念上升至了消费意识和消费行为的主流。从过去多年至今,一直只有富贵人家或者是达官显贵们才在意的品牌消费观念和消费行为,如今已经演变成了社会大众当中普通消费群体的集体共识。这不仅令人想起了"旧时王谢堂前燕,飞入寻常百姓家"的诗句。真乃时过境迁,如今的我国消费市场早已换了"人间"。21世纪是智慧经济时代,企业品牌建设离不开良好的经济运行环境,反之亦然,企业经济建设也离不开良好的品牌为之加油助力,良好的企业品牌建设带动了企业经济建设的向好发展,良好的企业经济建设反过来又为良好的企业品牌建设提供了发育的土壤。由此可见,企业品牌建设与企业经济建设具有相互促进的作用。一方面企业通过品牌建设促进了企业经济的可持续发展,节省了企业的传播成本,提升了企业产品的价值;另一方面企业通过经济建设又为促进品牌建设奠定了经济基础,提供了技术支持,增强了市场竞争能力。所以,在21世纪智慧经济时代的市场环境中,企业一要正视品牌建设中存在的问题,不回避问题的客观存在;二要重视品牌建设对推动企业经济建设的重要作用,有效地发挥出品牌优势来,如此,企业在其经济建设的道路上就既可以借助品牌的魅力提升其经济发展水平,又可以通过其经济发展水平的提升在消费群体中为自己树立起更好的品牌形象。

我国市场经济从起步发展至今只经历了四十年的时间,与国际上发达国家的市场经济相比,我国市场经济还属于初创阶段,因此,企业品牌建设意识的不足也是在所难免的。很多企业并没有意识到品牌建设对于企业未来发展的深远意义,其品牌观念还停留在做贴牌、代工生产的初级阶段;也有些企业会简单地认为,只要产品质量好就不愁没有市场,品牌设计随意性大,商标制作粗制滥造,缺乏远见卓识;还有些企业受制于资金周转压力,不愿意加大品牌建设中的成本投入,致使品牌建设长期遭遇搁置。

　　企业品牌建设首先要有明确的定位,然后才能有建设的核心。客观的、符合企业综合生产实力和综合竞争能力的品牌定位,对于企业的经济发展至关重要,准确的品牌定位将使企业在市场运作过程中少走弯路,少犯错误。但是,当前我国的很多企业在品牌建设中存在定位模糊的问题,一方面是由于市场经济环境不断变化对企业品牌建设定位产生了负面影响,企业出于对眼前经济利益的考虑,会动摇对原有品牌的市场定位;另一方面则是由于有些企业因受到多元化品牌建设思想的影响,出于企业自身原因而造成的对于品牌定位的不确定,因盲目追求品牌建设多元化而导致品牌定位混乱的现象,在当今市场并不少见,这种追求品牌建设多元化的直接后果就是导致企业品牌建设既没有了重心,也没有了核心。

　　企业品牌建设缺乏长效机制的问题,在我国国有企业中比较突出,具有很大的共同性。因为,国有企业的主要领导(比如厂长、经理等企业高管),并不是这个企业的物权所有人,虽然他们中有些人会是企业的法人,但却并不是企业的所有人,从他们的工作性质上看,称之为"企业代理人"似乎更为贴切。这些企业主要领导人的来源,一般是由上级主管单位委派的,当他们的任期届满时(或者是虽然任期并没有届满但是由于工作变动的需要),就会被上级主管部门重新委派到另外一家企业去任职,因此,从长远来看,现在任职的企业经营状况的好坏对他们没有多大的影响,当然他们也不可能有机会去分享现在企业未来的经营性收益,自然也不必为现在所做决策对企业未来所产生的影响担责。所以,国有企业品牌建设之所以会出现缺乏长效机制的问题也就不足为奇了。

　　企业品牌建设外部环境的不公平主要表现在三个方面:一是国有企业在社会资源占有方面一方独大,民营等其他性质的企业不为社会所重视,社会资源占有率极低,反映在品牌建设方面往往表现为力不从心;二是社会投资、融资体制存在歧视现象,社会资金过于青睐大企业,金融机构对大企业贷款额度大,门槛低,而对中小企业则设置了较高的门槛,门难进,事难办,中小企业很少能够获得社会金融机构的大额信贷支持,社会金融机构对于中小企业的品牌建设并没有什么信心;三是缺乏相应的法制、法律体系支持;法制建设的不健全和法律体系的不完善,使很多企业苦心研发出来的自主品牌轻易的就遭到了侵权待遇,而对于侵权者的行为,现行的法制、法律体系尚没有形成具有威慑力的惩戒态势,所以,这就使得原本比较优秀的一些企业品牌因侵权者的长期侵权行为得不到惩处而渐渐地被削弱了在市场上的影响力。品牌侵权行为所造成的负面影响,深远而巨大,破坏了社会公序良俗和契约精神。

　　企业品牌就像是一面旗帜,既引导着社会群体的消费方向,又引领着企业自身的发展方向。有了品牌作为指引,企业市场营销才会产生实际效果。因为,品牌虽然是抽象的,却是有价值的。品牌的价值在于它在消费群体中的深远影响,是无法用价值尺度去计量的。品牌在建设过程中积淀了企业精神和企业文化，能够充分调动职工为企业奉献的积极性和创造性，是推动企业发展的原始动力。

一个优秀企业品牌的树立，不仅会在市场营销中产生广泛的影响力，提高企业产品的市场知名度，还能为企业带来一大批忠实的客户群体，提高消费群体对自己品牌的忠诚度。企业品牌要走向市场，没有宣传工作的支持显然是做不到的，很多企业为了让品牌打响市场名气，不惜斥巨资投放到广告战之中。但是，俗语说得好，"金杯、银杯不如消费者的口碑"，消费者口口相传就是对企业品牌的最好传播。因此，一个优秀品牌的树立，是会为企业节省大量宣传投入的。

品牌的力量是巨大的，消费者的力量更是巨大的。企业品牌形象树立起来后，会在消费群体的相互传播中形成良性循环，使企业产品的市场营销工作在消费者的自觉行动中不断沿着横向市场方向向外蔓延，加速企业资金的周转率，提高企业产品的市场占有率，促进企业产品销量的不断提升，促进企业经济效益的不断增加。

所谓产品附加值，指的是"通过智力劳动（包括技术、知识产权、管理经验等）、人工加工、设备加工、流通营销等创造的超过原辅材料的价值的增加值，生产环节创造的价值与流通环节创造的价值皆为产品附加值的一部分"。由于品牌是一个企业市场形象的象征,品牌表象下面蕴含着的是企业对消费者的信誉与承诺,因此,优秀品牌可以有效增加企业产品的附加价值。总之,品牌建设是企业市场经济活动中的一项重要内容,是随着市场经济的发展而发展起来的先进营销理念,企业要实现可持续发展目标,自然离不开品牌建设的左右相伴,对此,企业领导层理应深长思之。

(秦林川,于2018年12月17日发表于学术杂志网)

百花齐放

华龙的价值体系关键词始终围绕服务客户、敬人、敬业、创新、高效、求实奉献等运转。华龙认为,消费者所看重的价值高于企业的利润价值。所以,华龙的核心价值观聚焦为:创造完美,服务社会;敬人、敬业、创新、高效,以客户满意度作为评价标准。

与此同时,华龙也始终将企业的目标、企业的使命和经营目的(企业生存的最基本原因)对标企业的价值观。

价值观是企业的目标的先驱,是一切企业目标为之奋斗的基础。詹姆斯·C.科林斯和杰瑞·波拉斯在其广受好评的《基业长青》一书中写道:"能长久享受成功的公司一定拥有能够不断地适应世界变化的核心价值观和经营实务。"

　　华龙电子股份有限公司就是在这样的价值观引导下,一步一步从宁波市东钱湖工业区走出来,逐步发展壮大,下辖宁波华龙和泰州华龙两个子公司,其中宁波华龙占地面积70亩,建筑面积6.5万平方米,泰州华龙占地面积110亩,建筑面积2.8万平方米,2017年产值突破4亿元大关。

　　解决企业员工的保障、发展问题是顺应我国社会转型要求及构建和谐社会的重大问题。华龙在实践企业价值观的进程中注重发挥工会的引导和监督作用。截至2019年,华龙公司工会有会员382人,其中女职工会员152人,农民工会员120人,职工代表42人,职工入会率达到了100%;设立有工会委员会、经费审查委员会、女职工委员会、劳动法律监督委员会、劳动保护监督检查委员会、劳动争议调解委员会及劳动竞赛委员会。工会经费独立建账,按时足额上缴经费,严格管理每一笔支出,每年向工会会员公布经费使用明细。对于这样一家劳动密集型和科技密集型并重的大型企业,构建和谐的劳资关系是一个巨大的挑战。

　　工会与管理方的沟通十分讲求技巧,为此华龙制定了严密的工会组织章程,明确了自身在公司的职责,并得到公司认可。他们依据章程和责任在公司大胆开展工作,有章可循,有法可依。2017年,在公司领导和上级工会的关心和支持下,工会紧紧围绕企业发展目标,强化自身建设,按照年初制定的工作计划,结合自身特点,充分调动职工的聪明才智,锐意进取、开拓创新,组织引导职工积极开展"建功在企业、和谐促发展"主题活动,推进了企业民主管理,提升了职工文化素质,加强了企业文化建设,推动了公司经济发展,增强了企业凝聚力和战斗力,较好地完成了全年的各项工作任务,积极完善了工会年度工作计划,加强了工会自身建设。

华龙工会自成立起便一直致力于完善组织职能,健全民主管理制度,重视发挥职工代表大会作用,努力营建民主管理之家。工会组织机构和工作制度健全,能够认真按照工作职责和工作要求,认真积极地开展各项工作,定期召开职工代表大会、工会委员会、女职工代表大会等,总结、研究、布置、检查、落实各项工会工作,遵循平等协商原则,签订集体合同和工资集体协议。工会积极参与各项经济工作,围绕稳定与发展,发挥工会桥梁纽带作用,积极响应政府号召,成立综合治理办公室,组织平安建设领导小组、治保工作领导小组、流动人口管理小组、安全生产领导小组、公司调解委员会、和谐促进小组,从各方面规范管理,积极建设平安企业,使广大员工明白公司的发展方向,树立危机意识、竞争意识、转变工作态度,激发员工的聪明才智,为公司持续、稳定发展寻找对策,为企业领导决策提供依据,使公司能更好地抓住机遇,迎接挑战;进行员工满意度调查,广纳良言,为企业发展征集好建议、好点子,推动公司持续健康发展。

工会各项工作的落实对于华龙自身的成长壮大具有十分显著的作用。华龙坚持重大问题和涉及员工切身利益的问题,都征求员工意见,经职代会讨论通过后实施。工会及时深入员工工作,了解、征集、反映员工的意见、建议,认真组织员工围绕企业改革发展、安全生产、经营管理、生活福利等开展提案活动,促使各方面工作不断得到改进和完善。2017年工会征集到员工建议、意见、好点子等共101条,落实整改94条,表彰

94条,加强了员工对公司的归属感和主人翁态度,提高了员工参与民主管理的积极性,促进了民主之家的建设,也更促进了公司各项工作的改进与提高。

华龙工会参与到华龙经济建设的各个环节和细枝末节,发挥了良好的桥梁纽带作用。

在充分发挥工会桥梁纽带作用的同时,华龙还以工会为平台,激发广大员工的积极性创造性,积极开展员工培训,提高技能促进生产。

华龙工会结合华龙的生产任务,紧紧围绕安全生产和经济效益的提高,深入持久地开展培训和劳动竞赛活动,始终把员工教育培训作为搞好安全生产的首要工作,对员工进行成系统、分层次的培训,每位员工都接受了公司级、车间级、班组级的安全培训教育,基本了解安全生产情况、基础知识、规章制度和劳动纪律,安全生产义务和权利,以及安全生产操作规程。熟悉个人设施和个人防护用品的使用和维护技巧,岗位之间工作衔接配合的安全与职业卫生事项。2017年东钱湖商会成立了安全生产管理小组,组织会员企业进行安全生产的自查和对查,华龙积极加入并热情参与。他们还邀请了宁波市防火宣传办老师前来重点教授火灾中应会的逃生技巧和初期火灾的扑灭方法,使员工掌握自救互救、急救方法,疏散和现场紧急情况的处理。

为增强员工的市场适应能力和企业核心竞争力,工会结合公司实际情况,加大职工培训力度,在精心调研、听取各方意见的基础上,出台

2017年岗位培训计划。培训计划从指导思想、培训目的、培训内容、培训要求等方面进行规范,健全公司员工培训工作,使企业培训工作制度化、系统化、层次化、合理化,激发员工学技术、钻业务的积极性,激励员工岗位成才,增加职工的归属感和对企业的忠诚度。选拔工作能力出色的员工参与公司与东钱湖成人学校合作的一线员工培训,对员工进行再教育;针对生产需要,对员工进行专业模具工培训,增加员工的技能点,为企业后续发展储备人才。

作为科技密集型企业,培训教育对于华龙尤为重要。为了帮助员工获得更好的发展,平时,华龙工会坚持与生产部门合作,组织比赛、劳动模范评比,让员工参加教育机构的培训,规划自己的职业生涯。与此同时,他们还建立起积极的沟通机制。华龙与工会共同推行商谈制度,要求管理者和一线班组长每月必须和员工面谈,收集并汇报员工的意见、苦衷及情感状况,由公司人事部门和工会责成职能部门负责改善和反馈。根据新时代员工的个性及心理,开办心理咨询和讲座,舒缓员工的紧张情绪和压力;设立员工调解委员会,将矛盾化解在萌芽阶段。公司还建立了“信息每日收集制度”,设立“信息收集专员”。

随着华龙工会在员工中、在企业中的作用越来越大,越来越有号召力和影响力,公司管理层主动要求与工会紧密合作,在完善员工沟通机制,提高员工知识技能方面为广大员工成长提供了广阔的空间。

俗话说,后院安心稳固,前方将士方能义无反顾。华龙坚持将维护员工切身利益,关爱员工身体健康,作为践行企业核心价值观的最扎实的落脚点。督促企业改善员工工作条件,是华龙工会的重要工作。

近年来,华龙新建两栋五层楼的员工宿舍,共45套,格局为两室一厅一厨一卫,配备有空调、热水器、电视机、宽带网络等,宿舍区设有便利店和超市,能基本满足员工的生活购物需要。聘请专业保安,全天24小时不间断巡逻检查,保障员工住宿安全。严格执行宿舍管理制度,设专职的宿舍管理员,为员工提供便捷的生活服务。

保证员工食品安全一直是华龙日常管理中的一项重要内容。食堂经过了合理的布局,各区域进行明确的划分,生熟分离,杜绝交叉污染,对蔬菜、肉类、水产品进行分区清洗,配备了齐全的食品冷藏、紫外线消毒和防蝇防尘设施;对炊具、设备、设施管理责任落实到人,配备了良好的通风排烟系统和排水设施,保障操作间的安全卫生。华龙专门成立了食堂管理委员会,对员工食堂进行日常监督,从原料采购到剩菜剩饭的处理,全程严格把关,建立了全面的食堂管理制度,对卫生服务质量进行量化考核,定期在员工中进行满意度调查,听取员工的意见和建议,及时对员工食堂中存在的问题进行整改。

休闲娱乐虽然和企业生产联系并不直接,却也是不容忽视的细节。华龙高度重视员工的文体活动工作,通过各种有效的文体活动载体,着力增强员工的自觉参与意识和团队意识。大力推进员工文体活动的广泛开展,引导员工积极、自觉、持续地参加各项文体活动,因地制宜地开展健康向上、寓教于乐的文体活动,增强公司的活力。不仅锻炼了员工的体魄,还增进了员工间的情谊,从而形成了一种其乐融融的企业文化氛围。

华龙还特意邀请宁波凯尔医院专门针对职工的职业病进行上门体检和组织系统性的健康检查,对发现的病例进行及时治疗并转岗,使得员工没有后顾之忧。华龙还特约专业中医,为员工进行免费诊疗,针对亚健康症状,讲解科学锻炼方法、合理饮食搭配及中医保健知识等,对于伏案工作的职业病进行专业的中医推拿、中医针灸理疗等。在中医的望闻问切下,及早地发现了很多员工的健康隐患,并宣传、普及了健康知识。

华龙现在每年斥资数百万元用于改善员工的工作生活条件。休息时员工可以在公共广播系统中选择自己喜欢的音乐,又可以进行相应的健身运动。车间和宿舍都配置空调,宿舍里面有单独的冲凉房和洗衣房,福利馆里有网吧和配套设备。公司还组建了足球、篮球、登山等爱好者协会。这些福利都由华龙免费提供或者由公司负担主要活动费用。每逢传统节假日,工会还会发放礼物和举办文艺晚会。

此外,华龙实行比较完备的带薪休假制度。当初公司在讨论实行带薪休假问题时,公司部分管理人员表示,假期太多不利于公司的业绩。但在华龙工会的坚持推动下,公司采纳了工会的建议,不仅完善了带薪休假制度,每年还组织全体员工免费带薪旅游,共同推动了员工福利的有效落实。

在工会的参与和监督下,华龙还为全体员工购买了齐全的社会保险,严格遵守国家最低工资标准和各项福利。工资调整、奖金制度、福利措施、惩戒等,凡是涉及员工切身利益的规章制度,都需要经过职工代表大会和工会集体协商才能生效执行。

通过顺畅的沟通交流机制,员工把安全生产管理过程中存在的不足与问题、日常工作管理及员工生活等情况,及时地传达给华龙领导;"生活有保障、工作有前景"也增强了员工的幸福感,同时也提高了员工的工作积极性,从而有效提高了产量,降低了产品不良率。

陈亚龙说,随着时代的发展进步,华龙还将结合新的形势及新生代员工特点,进一步完善工会工作,更好发挥工会员工与企业沟通的桥梁作用,构建和谐的劳动关系,促进员工与企业的共同发展。

经过多年的企业价值观的推广和实践,在华龙内部,目前已逐渐形成了增强自我保健意识、提高身体健康水平、提升员工素质的氛围,牢固树立"健康第一"的理念,营造"快乐工作、健康生活"的氛围,形成了关爱员工健康的良好局面,构建了和谐的劳动关系。近年来,华龙在上级工会的指导下、在公司管理层的大力支持和全体员工的共同努力下,做了一些工作,取得了一定的成绩,但是总结成绩的同时,他们也清醒地认识到,由于条件的限制和工作上的疏漏,有些工作仍做得不尽如人意,许多地方仍需改进。但经过公司全体员工的共同努力和精诚合作,全体员工已经形成了"公司大家庭越来越好,营造拥有爱、创造爱、传递爱的温暖港湾"的坚定信念,华龙的全面建设也在积极和睦的大集团环境中迈上新台阶,展现新风貌!

华龙电子办公大楼

企业品牌的理性和感性价值

　　许多中小企业的成功,往往是将某一个产品运作到极致而获得成功的,产品的成功帮助企业在市场中赢得了良好的口碑,形成了品牌影响力,消费者由于认可了产品品牌,进而认可运作产品品牌的企业,这样,企业品牌就会在强势产品品牌的驱动下,逐步地走向成功。

　　但是,如果企业品牌过度依赖产品品牌的话,却是一件极具风险的事情。产品表现得好,企业也会持续发展,但是如果产品经营出现挫折,将会直接影响企业的生存,近几年,许多鲜活的案例证明了这一点,其兴也产品,败也产品。打造成功的企业品牌,必须要摆脱对产品品牌的过度依赖,树立品牌就是企业的意识,将品牌要素与企业特征相结合,使企业价值观、文化、使命、历史传承、创新、研发、品质保证综合能力等成为品牌内涵一部分,企业特征是独特是唯一的,通常也是竞争对手无法复制的,因此由企业特征驱动的品牌产生的差异性和消费者关系基础都要比产品更持久、更具抗风险能力。

当中小企业通过产品品牌的成功,从而具有了一定的品牌价值、良好的品牌关系和品牌忠诚度以后,在此基础之上,就要着眼于企业品牌的打造,只有企业品牌的成功,才能确保企业实现可持续性发展。

一般来讲,成功的产品品牌价值包括理性价值和感性价值两个方面,理性价值主要是指产品的类别、功能、品质等以满足消费者的理性需求;感性价值主要是指品牌文化、身份、个性等,以满足消费者情感需求、尊重需求等。

企业品牌价值应当对产品品牌进行指导和支持,打造企业品牌价值,同样也需要从理性和感性两个方面着手,理性价值即是品质保证,感性价值就是企业文化。

由于企业特征是很复杂的,而消费者心智资源却是简单的,如果想让消费者对企业品牌产生有价值的联想,我们就要根据消费者的需求心理对企业特征进行浓缩提炼,使企业品牌价值观为消费者提供一个"让人相信的理由",即在产品品牌利益背后存在企业品牌价值的基础。如果一个企业具有提供优质产品的口碑,它就能够吸引消费者并展开反映品质认知的行动。华为的产品可通过规格和性能数据来描述,但是,只需通过展示这个产品来自华为公司本身,可能更具证明产品性能优良的说服力。人们愿意相信华为所宣称的完美品质,是因为华为视质量为企业价值观的核心,华为的基本目标就是以优异的产品、可靠的质量、优越的终生效能费用比和有效的服务,满足顾客日益增长的需要。质量是华为的自尊心。

中国著名的家电品牌海尔,通过始终秉持以品质为重的原则,取得了成功。在20世纪80年代早期,海尔一度是个品质非常不可靠的品牌,每5件产品中就有一件存在质量问题。面对低效的工厂和无序的工作环境,海尔的中级管理层基本处于瘫痪状态。情况严重到他们在青岛工厂甚至悬挂出"不准在工作场所内大小便"的标语,这意味着改革已刻不容缓。1984年张瑞敏就任海尔的总经理,负责改造这个困难重重的公司。张瑞敏曾在德国求学,体现在所有德国制造的产品上的德国式严谨和高品质观念,让他深有感触。在上任的第一年,为了表达对当时海尔冰箱厂的状况深恶痛绝,他把全厂员工召集起来,面对76台劣质冰箱,当众命人用大锤把它们砸毁。这个举动显示了张瑞敏"海尔将以品质为最重要核心"的决心,从此海尔走上了勇往直前之路。

如今,全世界的消费者都知道品质是海尔的核心价值观,它深刻地融于企业文化和工作流程中。于是,品质成为海尔可信的承诺,当其他企业企图模仿品质为上的推广策略时,因没有这个不可复制的企业背景而无法与海尔相提并论。一个企业在对诸如质量和消费者需求方面予以优先关注而获得的口碑是持久的。无论何时,总有对手要与你竞争,即使你更具优势,但总会有一些无知和缺乏信任的消费群体存在。在这样的市场中,无形资产方面所具有的优势会更加持久。比如,很多人买华为手机是因为企业注重研发、勇于创新的口碑,即使产品被质疑不是最先进的。

我们认为,品牌是品质以及信任、忠诚的永久指南并能给予那些无信心购买的消费者更多的信心。如果企业品牌与消费者能够建立起良好的信任关系,能够有力地促进企业推出系列产品,当一个全新的、与众不同的产品以一个陌生的品牌名称进入市场时,依托企业品牌的信任度非常重要,因为这样可以降低消费者的"风险",从而极大地促进系列产品的推广。品牌建设中,存在着"果树效应",即消费者相信:如果在一棵果树上摘下的一颗果子是甜的,那么在这棵果树上的其余的果子也都会是甜的。

企业品牌的好处之一,就是为消费者建立可信度,如果说产品品牌代表着消费者使用功能和情感价值,而企业品牌则是让消费者对品牌的诉求建立信心,也就是说,当产品品牌提出自己的某种优点时,能够被消费者接受和相信。这种信赖的效果,也能延伸到产品品牌的理性价值之上,在品牌和消费者之间建立更为牢固的关系基础。企业品牌的感性价值主要体现在文化方面,文化的作用在于,企业不仅要着眼于从理性层面满足消费者的理性需求,更要侧重于从感性层面来点燃消费者的消费欲望,。理性需求固然重要,因它是需求的基础,但是,在消费者由基本需求向更高一级的价值需求提升的过程中,感性需求起着很重要的作用,而感性需求的满足则在于文化的有效引导。

因此,企业文化是企业打造企业品牌,提升品牌价值、构建品牌关系的重要手段。文化的载体是品牌,品牌文化通过企业文化形成文化传播的着力点,并对品牌传播起到了有效的推动力、开拓力、导向力、鼓舞力,文化作为一种重要的无形资产,能使消费者产生归属感和共鸣感,对内形成凝聚力,对外产生强烈的品牌竞争力。

有一位品牌策略专家曾经说过,如果一家企业能建立正确的经营理念和企业文化,那么,品牌便会自动形成。我们可以把文化的含义表述为:人们在长期的生产和生活中形成的一种稳定的生活方式,其实质是一种精神文化。它反映在人们的日常行为(行为文化)和思想观念(观念文化)中,其构成要素包括语言、行为、教育、思想观念、风俗习惯与信仰等。

企业文化是经过提炼总结的具有积极意义的文化,一旦当这些积极的价值观呈现在社会公众面前,就会引起社会公众心理上的强烈共鸣,品牌也将迅速被消费者认可,并拥有较高的忠诚度,人们往往因为佩服那个企业进而信赖其品牌。

　　品牌文化是企业文化的一个子系统，它是企业文化形象层的反映；从品牌的生产工艺、销售过程和服务方式上看，它就是企业文化行为层的表现；从它的品质和定位等来看，它反映了企业对待客户的价值观，凝结着企业对产品品牌的感情寄托。

　　企业文化能影响品牌文化的建立，而品牌文化在运行过程中也能对企业文化产生影响，企业文化就是品牌文化的核心，尤其是在一些直接面对消费者的"服务性"行业，企业文化往往直接决定品牌建设，企业文化往往是品牌文化的核心。比如健康服务行业，真诚、贴心、爱心、诚心、孝心、真心、细心、耐心等。

　　当然，建设成功的企业品牌，不仅需要有强有力的品质管理和文化理念，还需要长期的责任感和坚持来支撑。企业品牌建设不是纸上谈兵，必须有真正的意义，而支撑这个意义的是企业对打造企业品牌的长期的、强烈的信念，需要制定清晰的战略计划来指导，才能让打造强势企业品牌的目的得以实现。

　　（沈菏生，于2016年8月29日发表于中国营销传播网）

第四篇　龙头印象

龙头印象

一个企业家抑或一个企业将取得怎样的成就，也许正取决于其对自身的定位。陈亚龙和他缔造的华龙电子，能造就今日之辉煌绝非偶然；

华龙电子建筑集群

也许,二十多年前,陈亚龙第一次用"华龙"来为他苦心经营的企业命名之时,就已展开华龙腾飞的双翼。

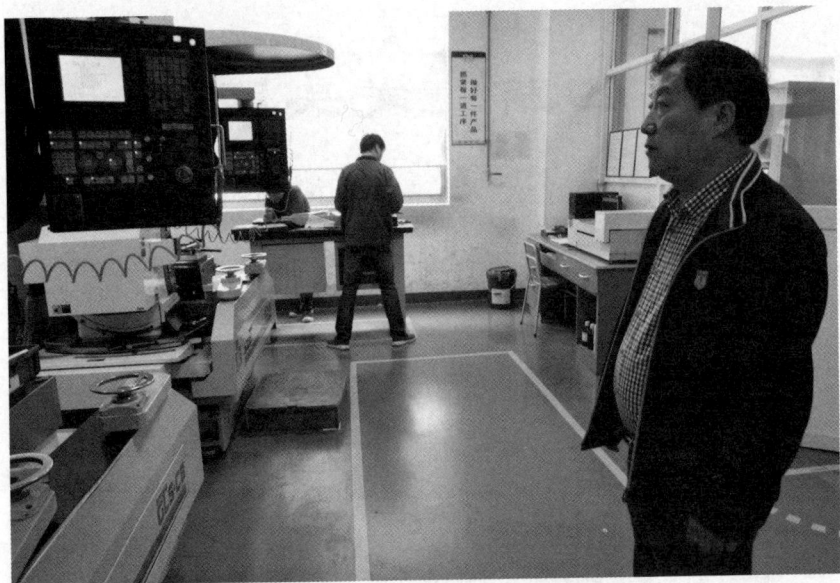

压力层层传导 责任层层深化 品质层层递进

华龙精神

龙马:乾为龙,坤为马。唐·李郢《上裴晋公》诗:"四朝忧国鬓如丝,龙马精神海鹤姿。"事业的征途中,陈亚龙怀着像龙马一样的精神。健旺非凡,小心谨慎,能屈能伸。

龙马精神是中华民族自古以来所崇尚的奋斗不止、自强不息的进取、向上的民族精神。龙马就是仁马,它是黄河的精灵,是炎黄子孙的化身,代表了华夏民族的主体精神和最高道德。它是刚健、明亮、热烈、高昂、升腾、饱满、昌盛、发达的代名词。《易经》中说，"乾为龙"，它是天的象征又代表着君王、父亲、大人、君子、祖考、金玉、敬畏、威严、健康、善良、远大、原始、生生不息……坤为马，象征大臣、母亲、女性，包容忠贞的精神。陈亚龙在事业上对自己提出了近乎苛刻的要求，在团队建设和传承中却是怀着包容、和谐的心态，像长辈一样孜孜教导，团结和引导团队人员成长成才、向上向善。

在陈亚龙的身上，我们能看到很多作为一个优秀企业家该具备的素质，比如创新意识，高度的责任感、使命感，以及坚韧、谦虚、勤俭的内在精神。我们欣赏他身上无时无刻不透露出来的睿智和沉稳，同时也越发意识到，不管是哪种品质，都是他在上下求索、左右奔波的学习过程中，苦心孤诣积累而成的。韩愈说："学知不足，业精于勤。"屈原说："路漫漫其修远兮，吾将上下而求索。"陈亚龙一直这样身体力行。

美国著名的原始社会历史学家摩尔根曾说，人类社会的历史可以概括地分为蒙昧、野蛮、文明3个时代。

在蒙昧时代初期，人类只能以野果、植物根茎为食，居住在热带、亚热带的森林，甚至还有少数人栖居在树上。后来，随着地壳、气候的改变和人类智力水平的不断提高，人类才逐渐学会使用火、弓箭，磨制石器等生存本领。等进化到野蛮时代后，人类又学会了养殖动物、种植植物和冶炼铁矿，甚至还发明了文字，从而使人类历史过渡到了文明时代。

由此可见，人类文明的延续和发展，就是一个通过实践不断总结、积累、提高的学习过程。只有通过学习，野蛮时代的人才能掌握对火的使用，不至于一直过着茹毛饮血的生活；也只有通过学习，文明时代的人才能理解养殖和种植的诀窍，不用像先辈那样只会靠现成的产物为食。后来，随着人类文明的加速发展，学习的作用就更加明显了。18世纪，通过学习，格里沃斯、纽科门、瓦特等人掌握了物理学、机械学的知识，又通过设计、制造和试验，最终发明了蒸汽机，将人类推到了以蒸汽机的发明为标志的技术革新时代；19世纪，通过学习和创造，德国人赫兹发现电生磁，法拉第发现磁生电，建立电磁感应定律，麦克斯韦又建立电磁理论、麦克斯韦方程，西门子发明发电机，德普勒研制出高压输电技术，又将人类送到了以电力为标志的技术革新时代；20世纪，通过持续不断的学习和总结，人类终于进入了以电子计算机、原子能、空间技术为标志的新技术革命时代。

对人类文明的发展来说，学习是一切知识、技能、经验、创造的主轴；对企业来说，学习就是其发展、壮大、腾飞的幕后推手；而对个人而言，学习是一切意识、能力、品质的来源和不竭动力，它会让你在失意前保持斗志，在荣耀前保持谦虚，像海绵吸水一样，不断汲取营养，不断前进。

正因为如此，陈亚龙告诉我们："无论何时，你的所学永远是不足的，你永远都需要不断地去学习、去工作，这样才能使你周围的人和你的客户都称心满意。"

在陈亚龙的眼里，学习从来就是一件理所应当、不可间断的事情。

十大创新人物——风雨前行　荣誉卓著

幼时读书,学习本身就是第一重要的事,不管是专业知识的积累,还是生活上点点滴滴的磨练,陈亚龙都如饥似渴地吸收,再成长。用他自己的话来说就是:"小时候,无论是读书还是当学徒,我觉得自己像一块海绵,总是在四处吸收东西。"

可以说,在很多情况下,陈亚龙都是凭着直觉性的判断做出了正确的决策,而这个判断显然是经过了多年对个人洞察力、领悟力和归纳力的培养和积累而来。

当然,仅仅有判断力还是不够的。陈亚龙就坦言:"我常常会发现自己直觉判断力的不够用,特别是在电子行业,由于涉及更多复杂的技术和研发,再加上这个行业依靠核心技术来占据行业地位,要想做精准的投资,必须看清5年甚至10年以后的技术趋向。"

所以,对于陈亚龙而言,现阶段着重要学习的还包括看人——他需要学习如何能在最短的时间里找到最适合的人帮他做行业的技术判断。陈亚龙最值得称道的事就是他用火眼金睛挖掘出了一批又一批为他"鞠躬尽瘁"的创业团队精英。跟判断力一样,他这火眼金睛也是在生活中经过不断地学习、总结、观察才得来的。

由此可见,学习并不是单纯的专业知识上的积累,它包含的内容很多,是一个通过教授或体验而获得知识、技术、态度或价值的过程,从而导致可量度的稳定的行为变化,更准确一点来说是建立新的精神结构或审视过去的精神结构。

华龙荣誉一角

陈亚龙持续学习的劲头给他带来了诸多益处,但偶尔,也会发现一些弊端。俗话说"学海无涯苦作舟",陈亚龙学得越多,发现自己知道得越少,这更加剧了他吸收新知的速度。可这样一来,他想尝试的东西变得层出不穷,很多时候反而没办法快速投入。

2010年华龙电子(新加坡)有限公司成立,并聘请在这个行业有几十年经验的新加坡人任总经理,再次发力,寻求突破。2011年公司迎来最大规模的国外大公司审核高潮,2011—2013年间,半导体封装行业前十大客户纷纷到公司进行认证考核,在公司全体同仁的努力配合下,华龙成功通过了几家国际大厂的工厂审核和产品审核,成为他们真正的供应商,且是他们在中国本土的唯一供应商。

今天中国企业家的责任

改革开放四十年,中国处于近代以来最繁荣的时期。在这过程中企业家群体获得了惊人的财富,仅大陆地区十亿级富豪就有688个,居世界第一。但在巨大的总体社会财富之下,也有着巨大的社会不平等。2017年中国基尼系数高达0.467,有3046万人仍然生活在贫困线以下。

在市场学派人士的眼里,企业家的所有财富完全通过市场行为获得,他们在市场中的每一个行为都是交易双方自愿,也对交易双方有利。通过亚当·斯密所说的"看不见的手",在追求私利的过程中促进了社会资源的最优分配和社会的整体利益的提高。一个企业家只要是市场经济中的强者,就已经对社会做出了最大的贡献。

无疑,企业家是经济活动的重要主体。习近平曾指出:"市场活力来自于人,特别是来自于企业家,来自于企业家精神。"习近平也曾指出:"全面深化改革必须着眼创造更加公平正义的社会环境,如果不能创造更加公平的社会环境,甚至导致更多不公平,改革就失去意义,也不可能持续。"

不言而喻,一个拥有独立主权的现代国家是发展经济的先决条件。如果在1931年日本侵华,1937年抗日战争全面爆发的时刻,没有中华热血儿女前仆后继,和日本法西斯在中华大地上殊死斗争,那么中国的历史,乃至世界的历史都会被改写。我们今天的市场经济,和所有积累的财富,都不会存在。

在抗战中,中国直接死亡人数近二千万,其中山东省、江苏省、河南省、湖北省和湖南省等地死亡人口最为惨重。这些为抗战牺牲最大的地区和改革开放后在市场经济里受益最大的那些地区没有直接关系。相反,现在年轻人趋之若鹜的北京、上海、广州等城市,反而是抗战中人口死亡相对少的。抗战的先烈们不是为自己的后代和亲友,而是为整个全民共同体献出了生命。

这些牺牲没有也无法被市场合理定价。但是我们用一个简单的思想实验可以知道,它们的价值绝对不菲。你愿意用多少财富换取和平,换取生命,换取不被异族奴役?答案绝不会是小数,也许是你一半的财富,也许是更多。

在中华人民共和国成立之初,中国是个一盘散沙的农业弱国。从1949到1978年,中国举全国之力,完成了社会结构的基本变革,工业体系的建设和人力资源的积累。一路虽有挫折,但三十年里国家取得了翻天覆地的变化。

土地改革和妇女解放等政策,让社会结构扁平化,极大地解放了生产力。在工业方面,钢产量从1949年的16万吨增加到1978年的3178万吨,增长近200倍。全国发电量从43亿千瓦时升到2566亿千瓦时,增长近60倍。在人力资源方面,婴儿免疫接种率从解放前几乎为零升到接近100%,人均寿命从解放前的40岁增加到1978年的68岁,识字率从解放前的低于20%升到1982年的77.2%,在校高中生人数增长了60多倍,达到1292万人。

这些成就为随后的改革开放奠定了最重要的制度基础、工业基础和人力资源基础。这是全民族二代人,通过三十年的共同努力,为整个民族和后代打下的基础。

在这三十年的奋斗中,无论是政府官员、知识分子,还是工人和农民,每个人所得到回报都不以市场定价。按照市场经济理论,他们中很多人可以获得很高的收益。他们有的掌管大型国营企业,有的海外归来报效祖国,有的扎根大漠为祖国研制"两弹一星"。当改革开放释放出市场的魔力后,这些人和他们的后代往往不是市场经济中的受益较多的人群。他们为市场经济提供了必要的外部条件,而市场的弄潮儿却往往是另一批人。

1978 年 12 月,在邓小平的倡导下,以中共十一届三中全会为标志,中国开启了改革开放的历史征程。从设立深圳、珠海等特区,到开放 14 个沿海港口城市,到设立浦东经济开发区,从国企改革,到设立证券市场,到住房市场化,改革开放的历史就是让市场优先在一些地区和行业生长的历史。这些地区和行业是被政策允许先富起来的地区和行业,所获得的机会不是源于市场竞争,而是政府顶层设计的结果。在这些地区和行业市场中的经营者,享有政策特许的红利,有着全国大多数人无法比拟的优势。

前三十年积累的数以亿计的人力资源大多没有享受到这些地区和行业的政策红利。他们参与市场经济最主要的方式就是提供他们的劳动。前三十年的教育普及让这些人不再以务农为满足,充满了对现代生活的向往。由于市场经济在很长一段时间里占国民经济的比例低于半数,这就造成了在改革开放后的大多数时间里,对市场经济体来说,劳动力始终处于一个供大于求的状态。资本在市场中占有绝对的优势,能获取超额的利润。

　　而在这个过程中，政府为了鼓励市场经济的发展，对劳动力的保护采取相对延缓的态度，劳动力的价值被资本最大地挖掘。2017年全国农民工总量超过2.8亿人。这些人背井离乡，远离自己的骨肉和亲人，在异乡承担超强度的工作，而所获得的只是资本愿意支付的最低市场报酬。

　　很多学者试图解释中国四十年的经济奇迹，有的用人口红利，有的用后发国家优势。但纵观中国过去八十多年的历史，从1931年日本侵华那个中华民族"最危险的时候"，到走向社会主义现代化强国的今天，推动中国从历史的谷底艰难回升的最大因素，正是我们民族的牺牲精神：

　　从抗日战争到中华人民共和国成立，中华民族中的先烈们，为整个民族的存亡，为拥有一个独立主权的国家，用生命做出牺牲。

　　中华人民共和国成立后的三十年里，全民族两代人的共同努力，完成了中国的社会变革和经济基础的建设。这两代人为了后人的幸福，完全不计较个人得失。

　　改革开放以来，为响应"让一部分人先富起来"，劳动人民用汗水、辛劳和骨肉分离，为市场经济的腾飞做出了牺牲。

　　这些牺牲,才是中国能走到今天所真正依赖的红利。中国的牺牲红利!在市场经济的每个行为中,每个交易中,都能看到这些牺牲红利的影子。但是这些牺牲无法被市场定价。市场经济需要一个开始的起点,和赖以发展的外部条件。这些人为市场经济提供了起点和赖以发展的条件,但是他们自身,他们的后代,却不一定是市场经济的核心受益者,很多甚至是市场经济中的被遗忘者!

　　作为历史上第一个完整受益于这八十多年牺牲红利的群体,企业家们通过市场经济的机制,完成了财富积累。在这个时刻,他们对那些牺牲者应有怎样的态度和责任?

　　邓小平在谈到改革开放时说过,"让一部分人、一部分地区先富起来,大原则是共同富裕。"这里"让"的隐含主语是统治中国的政治力量——中国共产党。为了突破经济发展的瓶颈,给了一部分人和地区各种制度优势,赋予了这部分人和地区先富起来的机会。但是改革开放的终极目标是共同富裕。邓小平还说:"一部分地区发展快一点,带动大部分地区,这是加速发展、达到共同富裕的捷径。"

　　习近平也多次强调共同富裕的目标:"全面建成小康社会,一个不能少;共同富裕路上,一个不能掉队。"

　　中国特色的社会主义,是一个基于中国国情的结合体。它包含着用市场经济来激发个体的能动性,推动经济建设;用社会主义制度来推进共同富裕,最后达到社会公正。

　　每一个中国人,只要生于这个国家,就和这个国家的历史、文明,和同胞有了一个不可撤销的契约。这是一个以二千万人生命的代价写成的契约。这是一个民族复兴的契约,一个人民共同富裕的契约。而这个契约又在中华人民共和国成立后的三十年和改革开放的四十年,通过所有人民的共同牺牲深化并升华。

　　这个契约,就是今天中国企业家的责任!

　　(沙烨,于2018年8月20日发表于观察者网)

跨越突破

　　"我总是会好好利用面前的每一个机会,然后努力去实现,从不放弃。"事业上,陈亚龙从来都是这么坚定。

　　古语云:机不可失,时不再来。这句话说得很是恰当,机遇是难求的,只有懂得珍惜才能体会它的珍贵。机遇犹如过隙白驹,溜走了就逮不着了,只能翘首企盼它也许会再来。抓住机遇,就相当于抓住了成功,机遇是成功的前提,发现机遇就是成功的一半。但能否成功就在于你是否抓住了它。一个睿智的人总是能抓住机遇,并把它变成美好的现实。

会等待机遇也是一门艺术。留意生活中的点点滴滴,从中收获经验、获取机遇,从而获得成功!华龙能抓住转型的机遇,在外界看来,更多的是一种机缘巧合。这是因为外界多方只注重结果,却并未关注华龙多年的生产经营经验,而恰恰是这多年的行业经验的积累,让华龙有能力和资本去抓住机遇,获得成功。机遇只属于有准备的人,华龙的成长便是一个强有力的印证。

每一种成功都始于一双善于发现的眼睛,更始于执着探索的心灵。我们常常感叹没有机遇,但机遇来临时并不是敲着锣打着鼓的,而是悄悄从你身边溜过。有心还是无意,正是决定能否抓住机遇的关键。正如罗曼·罗兰所说的,世界上并不缺少美,而是缺少发现美的眼睛。放眼当今世界,机会少吗?恐怕没有人敢理直气壮地说:"21世纪,商机少得可怜,我一直在为商机而煞费苦心。"

在我们看来,商机的出现也许是偶然,但企业一旦抓住商机,实现成功却是必然。

在1665年秋季,牛顿坐在自家院中的苹果树下苦思着行星绕日运动的原因。这时,一只苹果恰巧落下来,不偏不倚就砸在牛顿的头上。这是一个特殊的瞬间,这次苹果下落与以往无数次苹果下落不同,因为它引起了牛顿的注意。牛顿从苹果落地这一理所当然的现象中找到了苹果下落的原因——引力的作用。这种来自地球的无形的力拉着苹果下落,正像地球拉着月球,使月球围绕地球运动一样。苹果砸人古来有之,牛顿他肯定不是挨砸的第一人,可为什么牛顿可以顿悟,其他人却只能自认倒霉呢?因为,机遇不是什么人都可以把握的,把握机遇是一种能力,更是一种素养。

陈亚龙抓住了转型的时机,不仅因为他多年的经营经验已化为一种把握商机的能力,更因为他对华龙电子怀有诚挚的爱恋和一份矢志不渝的信念。为了这份爱恋,陈亚龙不断开拓创新,锐意进取,力争上游,立志在电子行业做出一番事业。

机会就是一切。每一个企业家都渴望成功,然而成功必须有一个载体,对于企业来说可能更多的是一个良机,一个足以实现自我梦想的机遇!机会有三个形态:第一是先机,第二是商机,第三是危机。而成功靠的是什么?成功靠的就是机会,那些能力强的人不一定能成功,反而是能力一般的到最后获得了巨大的成功。很多人接触富翁,都会觉得他们与常人无异,他们之所以能成功,就在于他们及时把握住了机会。

于2015年12月底

华龙电子厂房鸟瞰图

面对群雄逐鹿的电子市场,一个初出茅庐的"小子"却敢于向国外电子巨头宣战,剑指中国电子市场。要知道那时候,华龙还是一家名不见经传的小企业,与国际巨头竞争并争得一席之地,似乎很难让人相信,但是华龙确实做到了。

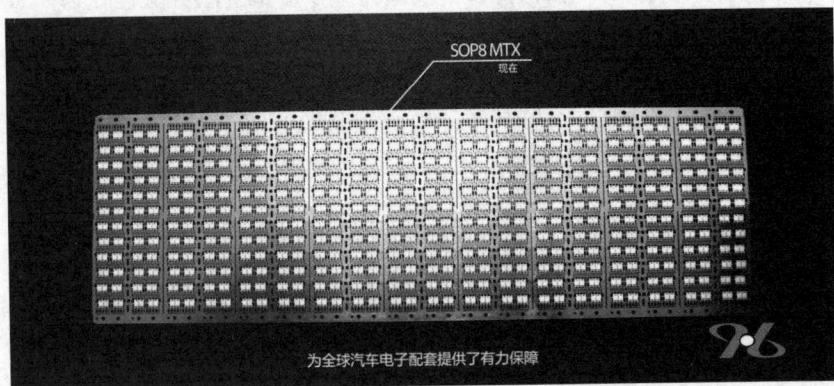

SOP8 MTX
现在

为全球汽车电子配套提供了有力保障

华龙电子产品

企业该有的是目标,很多企业都是有同一个目标的,只不过是现实与理想有点偏差而已;或没有偏差,归根结底是没有魄力,仍然犹豫迷茫。见识在决断时是不会变的,当然领导人的见识决定了决断的层次,但这不是关键,关键的是领导人在下决心的时候是否有魄力。

华龙放眼世界与将来,这当然是大气,但能够利用身边可以获得的资源与见识是一种基石。其重要性,正如历史学家奉行的"使已死的东西复活,其愉快不下于创造"。

在向中国电子市场发起进攻时,华龙已经在市场辗转了几十年,其积累的经验和获取的资源,便是华龙最大的财富。而对电子市场的超凡见识,使华龙有信心通过自身的努力可以在电子市场获得发展,获得成功。敢于用魄力去战胜企业转型期的迷茫与倦怠,敢于放眼世界电子市场,与国外电子巨头叫板,这样的举动不是一般的企业能做出来的。

所以,有时候,有多大的创举便意味着有多大的前途。爱因斯坦在晚年曾做过如下自白:一个人很难知道在他自己的生活中什么是有意义的,当然也就不应该以此去打扰别人。鱼对于它终生都在其中游泳的水又知道什么呢?

终日思考理想与现实的差距的企业,觉醒吧!因为想要真正地参透企业生存和发展是一件很难的事。企业要做的是让自身活得有魄力,不应该浪费积累的见识,应用自己的胆识去把握机会,用自己的魄力去创造未来!

一个风电巨头的"成长秘籍"

歌美飒是一家总部设在西班牙的风力发电领域持续成长的公司。作为风力发电机的国际主要供应商,歌美飒已占据风电领域主导地位,歌美飒在世界风力发电机的累计装机总量排名世界前三,客户遍及全球。

也许是受堂吉诃德故事影响太深,总以为西班牙有很多古老的风车。这个昔日的风车王国,如今已变成闻名遐迩的风电大国。数据显示,截至2010年底,西班牙电网总装机容量10308万千瓦,其中风电装机占19.36%,而风电发电量则达到

16.4%,位列欧盟国家首位。西班牙风电何以取得如此引人瞩目的成就？

"一站式"营销模式，制胜市场的利器

歌美飒不仅是马德里最大的上市公司,也是世界三大风机制造商之一。拥有15年发展历史的歌美飒,10年前业务主要集中在国内,西班牙有近一半的风机由歌美飒提供;但现在,歌美飒在全球各地的风电装机容量已超过21000兆瓦。

歌美飒"风行天下"靠的是什么?

歌美飒集团主席兼首席执行官乔治·卡弗特说,作为一家风电制造商,其决胜市场的法宝不外乎三点:首先是产品质量,其次是度电成本,然后是产品的价格。但歌美飒除此三者之外,还有自己独特的东西即"一站式"营销模式。

所谓"一站式"营销,是指集风场开发、风机售卖和售后服务为一体的经营方式。乔治·卡弗特解释道,"一般来讲,国际上其他风电制造商主要提供风机的生产销售和售后服务两项业务。但歌美飒认为,风电产业发展的基础是风能资源,因此我们首先十分注重对风资源的监测和开发,我们愿意为客户提供从风资源开发到风机售卖再到售后服务的'一站式'全程业务,也就是人们所说的'交钥匙'工程。"

在位于马德里东北部的马拉奥拉地区,有一片片大型风电场。开发商西班牙能源集团伊维尔德罗拉公司合作开发了7座风场,建成总计104台2兆瓦大型风机,采取的都是"交钥匙"工程。

在开发之初,对一般投资商而言即是商机也有风险。歌美飒想客户之所想,从一开始便引入"一站式"营销模式,采取了"交钥匙"工程,这不仅为客户解除了后顾之忧,也为企业大规模开拓市场奠定了基础。

从歌美飒公司总部潘普洛纳出发,经过一个多小时的车程,来到一个叫郝林的地方。这片芳草萋萋的丘陵地带便是歌美飒新型风机技术试验场。

据歌美飒公司技术项目负责人拉法尔·埃尔南德斯(RafaelHernandez)介绍,郝林地区属二类风区。二类风区是全球陆上风资源分布最广阔的地区,因此在这里试验最具典型意义,也最有市场价值。歌美飒的多款新型风机都是在这片土地上试验开发出来的。最近这款风机已通过专业机构的认证,并接到来自德国市场的第一份订单。

"这台4.5兆瓦陆上风机堪称歌美飒风电技术的一次革命。"拉法尔·埃尔南德斯告诉记者,该风机最大特点是风塔和风叶均由两部分组成。风塔高129米,下面82米由水泥材料制成,上面则是钢材料;风叶长64米,前半部分为玻璃纤维,后半部分则加入了碳纤维材料。采风率平均在90%以上，最高可达99%。

4.5兆瓦陆上风机只是歌美飒风电技术研发的一个案例。据乔治·卡弗特介绍，为顺应全球海上风电开发，歌美飒正在紧锣密鼓地研发5兆瓦海上风机，并将于明年推向市场；同时，受欧盟的委托，由歌美飒牵头组织欧洲相关机构开始着手20兆瓦风机的研发……

在对歌美飒的采访中，巨头成就跨国霸业的还有一个不可忽视的因素：敏锐的战略发展眼光。

"歌美飒很早就注意到风电行业国际化发展的趋势，并迅速调整发展战略，开始国际化转型。"乔治·卡弗特告诉记者，"2010年，歌美飒93%的新增业务在西班牙本土以外的国际市场，预计今年将会是100%。其中，中国市场今年将超过30%，印度市场会达到13%。"

加大对市场的投资和开发，被乔治·卡弗特视为自己"主政"歌美飒以来最英明的决策和最突出的"政绩"。他表示，歌美飒目前已与国电龙源、华润电力、大唐新能源等多家中国公司签署战略合作协议，下一步将会把最先进的风机4.5兆瓦陆上风机、5兆瓦海上风机等都带到中国市场。

　　乔治·卡弗特告诉记者，北京是他近年来飞抵最多的城市，特别是前不久与中国国家领导人的一次面对面的交谈，让他更加坚信中国未来将继续领导世界可再生能源特别是风能业务的发展。为此，歌美飒还于近日调整其中国区负责人，管理经验丰富且年富力强的何塞·安东尼奥·米兰达（JoséAntonioMiranda）被任命为中国区新任董事长和首席执行官。

　　在歌美飒的战略发展中，还有一个让乔治·卡弗特引为自豪的"新发现"，即国际金融资本对风电产业的青睐。"近年来，越来越多的基金、保险等机构开始涉足风电开发，这为全球风电产业的发展注入了强大的资本动力。"乔治·卡弗特举例说，比如在欧洲，歌美飒与著名的宜家公司签署合作协议联合投资风场；在美洲，歌美飒则与一家美国基金公司携手风电开发。

　　巨头歌美飒的发展历程告诉我们，在经济全球化时代，一个企业要成就跨国霸业不仅要有独特的市场营销模式和强大的技术研发力量，还要有超前的战略目光和先人一步的发展举措。

　　（闫国庆等：《慈星密码 中国新兴装备制造业异军突起的宁波案例》，浙江大学出版社2013年版）

踏实谋事

有这样一副对联,上联是"做杂事兼杂学当杂家杂七杂八尤有趣",下联是"先爬行后爬坡再爬山爬来爬去终登顶",横批是"低调做人"。哈维尔也说,有时候,就像为了在白天观察星辰,我们必须下到井底一样,为了更好地了解真理,我们就必须沉降到痛苦的底层。仔细想想,确实是这样,因为在某种意义上,只有处在低调的、低洼的方位,才能迫使我们回到起点,审视自身和避免错误。而对于陈亚龙来说,低调的好处是让他能时时保持一份淡泊的心境,时时展现出最具亲和力的笑容,尊重他人,真正做到与人的平等交流。或者,当一切融进骨髓,低调也成了品质——一种无关目的、无关收益的品质。

"低调"和中国传统的中庸之道相契合,它曾得到过前所未有的赞誉,可是在全球化的旋风刮过之后,它多少开始变得有些尴尬。人们在混合经济、多元文化、速食主义的新鲜感中追风逐浪,很难再回头看看这旧日的荣光。好在,时光的淬炼不但没有消磨反而增进了它的内涵,在见仁见智的争辩中,我们更全面也更深刻地认识了它,我们知道了低调所能包含的心态和行事风格,更明白其在思想和细节上应该把握的那个度,至于谈起这方面的佼佼者,陈亚龙无疑是其中的一个。

"如果不是为了总结华龙电子企业文化,"陈亚龙说,"我是很不愿意现在写书的。"陈亚龙的确所言非虚,早年,尽管华龙电子已经在中国声名大噪,但是陈亚龙的名字却绝少有人知道,跟其他企业家相比,他真的是着着实实的低调，很少有人能捕捉到他的信息。就是如今，我们在百度、谷歌、搜狗搜索一番，所能收集到的资料也十分有限，除了介绍华龙产品，有关他的采访极少，八卦就更无从谈起了。可以说，在媒体界他就是神秘和腼腆的代名词。也因为如此，他每每都会被冠上作风低调的美誉。如果就此结束，那么，这不过就是对陈亚龙另一个简单的定义。事实上，陈亚龙的低调绝不仅仅在表面，不管是从心态，还是从行为、思想上，他能让我们咀嚼的"低调"还有很多很多，例如陈亚龙被员工誉为常驻厂里的"掌门人"。

正因为低调使然，陈亚龙做技术出身，在心态上一直比较淡然平和。不管是早年事业上的困境，还是如今功成名就，他都在努力向"不以物喜，不以己悲"的心境靠拢。陈亚龙说："任何时候我都可以重来。"他说这句话，也是为了感叹父母都是老实本分的人，我们还能听到的，是他面对困难的决心和超脱物役的淡然。是啊，低调的人总有这样一种品格，他们做人圆滑通达，从不锋芒毕露，功成名就时自然有谦虚和平常的心境，就是遭遇变故和挫折，也能处变不惊、云淡风轻。所以，我们看到陈亚龙在成功后依然保持着最初的样子，不喜曝光出风头，穿着简单随便，生活上简朴不奢华；对于成功，他将此归功于"大家的功劳"，丝毫不居功自傲；若是面对困境，那也是"我任何时候都可以重来"。时光的淬炼让陈亚龙越发的成熟和通透，不管是低调带来的淡然，还是淡然形成的低调，总之，面对这样的陈亚龙，怕是任何人都会觉得格外的舒心吧。而在行为上，低调带给陈亚龙的指引就更多了。

只要是认识他的人，想必都会对他的"憨厚"印象深刻。与一般正经严肃的企业家不同,陈亚龙遇到谁都会笑容可掬,然后声音洪亮地跟人问好,而只要是陈亚龙出现的地方,必定是笑声阵阵。

因为"低调",陈亚龙显得亲切、随和、没有丝毫的官架子,也因为这样的微笑和亲和力,他赢得了客户和员工的心。华龙副总陈永开说:"老板低调务实,我们员工谁都可以随时进他的办公室汇报情况,从来没有被拒绝门外的事情。"

关于这一点,其实很容易理解,谁都知道,低调和亲切才是最吸引人靠拢的"语言",它不但向人们表达了轻松、愉快的内容,还能传递信赖和尊重的信息。谁不希望每天对着一张笑颜如花的脸,谁不希望受到尊敬和信赖?

有这样一个例子。一个读大学的小伙子在家乐福找了一份收银员的兼职工作,每天早上,室友都能听到他在阳台旁练习收银的声音:"先生,你好。一共78.5元。"他总是笑意盈盈地边说话边做收钱的动作,同学们感到不可理解,不知道这有什么好练习的,可是他有自己的一套说辞:"我每天早晨和晚上在阳台上对着墙壁保持微笑,那样我保持微笑的时间越来越长,也会越来越自然。"之后突然有一天,他高高兴兴地请室友去吃饭,原来他被评为家乐福超市的月度最佳收银员,还得到了500元的奖励。室友好奇,问他:"那样练习真的会起作用吗?"他说:"其实不难,主要是长期坚持,刚开始的时候,我每次能笑30分钟就累了,可是现在我可以保持笑容3小时也不累。"再后来,他毕业后投身服务业,创办了自己的旅游公司,为人和善,且一直用在家乐福训练的微笑方式要求自己。正因为这种令人舒服的作风,不但他的公司越办越好,就连他自己也成为多项旅游服务指标的创始人。总结起自己成功的经验,他说:"具有亲和力的笑容对一个人的成功具有至关重要的作用。"

不知道陈亚龙有没有读过这个故事,不过可以肯定的是,陈亚龙一定了解微笑的力量。如果你看这个故事只看到了其中功利性的附加色彩,那么,不妨换一个角度想想,它其实更想告诉我们的是,人人都喜爱具有亲和力的微笑,人人都能在这种微笑中感到阳光、快乐和舒心。或者,陈亚龙的亲切微笑并不是为了笼络人心,能让别人如沐春风,自己也心情愉快,这才是他的"别立机杼"。

除了极具亲和力的微笑,"低调"带给陈亚龙的,还有平等、真诚待人的品格。

《尚书·大禹谟》中有"克勤于邦,克俭于家"的古训;《诫子书》中诸葛亮也把"静以修身,俭以养德"作为修身之方;《夫子治家格言》中朱柏庐"一粥一饭,当思来之不易,半丝半缕,恒念物力维艰"的训诫至今仍振聋发聩;民间俗语"勤能补拙,省能补贫"也到处开花。可见,说起勤俭,其附属标签都是中国、传统、根基这样厚重的名词。也许在这个日益轻薄的时代,这样的厚重已稍显不合时宜,可历史的淘洗终过滤不去厚重的沉籽,而陈亚龙也在传承与实践中将传统铭记。

在中国的文化中,我们常常能看到"民生在勤,勤则不匮"的警句,同时也有"节俭则昌,淫逸则亡"的箴言。实际上,大部分的时间,勤和俭都是同时出现的，它们就像是硬币的两面，缺一不可，而关于勤俭不分家，有这样一则有趣的故事。

早年，在中原的伏牛山下住着一个农民，他一生勤俭持家，日子过得幸福美满。后来，他老了，为了让后代谨记自己毕生的经验感悟，临终前，他将一块写有"勤俭"两字的牌匾交给了两个儿子，并嘱咐他们若想一辈子生活宽裕，就一定要照牌匾的内容去做。后来，他去世了，两个儿子顺势分家将牌匾锯成了两半，老大得"勤"，老二得"俭"。老大自分得"勤"字起，就严格按照勤劳的标准要求自己，"晨兴理荒秽，带月荷锄归"，整得庄稼地是年年大丰收。照理说他的日子应该过得相当宽裕，可事实却是因为没有"俭"的束缚，他花钱大手大脚，东西吃不完就扔，久而久之，家里竟没有一点存粮。至于老二，跟老大的情况也差不多，他谨遵"俭"的教谕，却忘了"勤"才是根本动力。尽管一家人从不铺张浪费，始终节衣缩食，但因为日日懒散、疏于农事，收获有限，就是再节省也节省不出什么粮食，一年，遇上大旱，老大、老二都入不敷出了，想起父亲的嘱托，他们只觉得受到了莫大的欺骗，生气之余就将牌匾扯下扔了。就在这时，有纸条从窗外飞进屋内，兄弟俩拾起一看，上面工工整整地写道："只勤不俭，好比端个没底的碗，总也盛不满；只俭不勤，坐吃山空，一定会受穷挨饿。"兄弟俩这才明白，"勤""俭"两字是不能分家的，它们相辅相成，缺一不可。

故事的最后自然是大团圆结局，它让人们明白了拥有勤劳、节俭这两项美德的好处，以及其辩证统一的关系；可同时，它又引起了新的思考，在赤贫或缺乏原始资本积累的情况下，两兄弟不得不既勤又俭，可若是他们已经不愁吃穿了,他们还需要勤俭吗?或者,在这个及时行乐和勇敢享受自在生活蔚然成风的时代,"勤俭"已不再是缺一不可的修身治国之道?对此,没有人能给出标准答案,世界的奇妙就在于此——同样的事从不同的视角会看见不同的折光,且没有人可以证明其他视角的折光就是幻影,因为我们每个人都活在自己的意境中。但显然,这种不确定性并不影响我们通过常识、经验和实践得出自己对于疑惑的思考和解答,陈亚龙一直在思考,并在思考过程中完成了对个人价值观的塑造。

人说"虚心竹有低头叶,傲骨梅无仰面花",这句话蕴涵的就是低调的本质。而如今,在陈亚龙的身上,我们又得到了更多的注解。

不知道是不是能这样来理解:宁波人勤俭节约的品质在他价值观形成初期就影响了他,让他知道做人一定要勤俭这个道理,虽然他那时还不知道这品质究竟为何物,但出于对父母的敬畏,他也照做了;随着时间的流逝,在实际的经营和对生活的解读中,这"纸上得来"的经验才变成"需要躬行"的真知;后来,在日复一日的坚持中,这品质变成了一种习惯,不管外界的风气如何轮转,人们的思维如何变化,对于陈亚龙来说,"勤俭"已经成为他身体的一部分,融入骨髓了。

事实上,每个人都在成长中选择和塑造着自己的价值观,而"勤俭"就是陈亚龙在思考和实践后自认的价值观。回到前面的议题,也许有人会问,时代不同了,他真的有必要坚持这么老生常谈的传统吗?也许还有新锐人士会说,过高品质、不简朴的生活也不影响他成才成功。是啊,存在即合理,每个人的想法都有存在的理由,谁也不能粗暴地用正误来区分。但对于陈亚龙来说,跟魏晋名士选择寄情山水、追求玄远的人格精神、生活方式一样,他也只是选择了自己觉得最正当、最合理的价值观。少了一般人追求名利和享受生活的满足感,对于已经处于他那个位置的人而言,需要的也许只是一种自证,证明自己生而为人所能为社会创造的最大价值。

中华民族优良的传统美德,你能说出多少? 仁爱孝悌、精忠报国、克己奉公、修己慎度、见利思义……若逼着你继续说,怕是还能说出一大堆来。从学《三字经》到死背《四书》,从上思品课到写助人为乐的作文,"德智体美劳全面发展"的口号让孩子本该摸爬滚打的童年变得考据又学究,就像是偷穿了妈妈的高跟鞋,怎么看怎么"不合脚"。也许大人们从来没有想过,每一天都在学习着诚信知报、舍身取义的孩子们可能从来没有真正理解过这些话,他们唯一的兴趣就是放学后呼朋唤友、嬉戏玩耍。大人们总是习惯高估准则的力量,又低估孩子纯良的本性,他们更容易忽略修德修身本就是一个漫长的过程。只有经历了复杂生活的洗礼,在日复一日的成长和思考中,才能真正清除阻碍,将教条转化成真知。陈亚龙说:"谦虚是一种竞争优势。"我们都相信,他说的是经验,不是口号。

古希腊曾出现过一位伟大的哲学家苏格拉底,他的一生没有留下过任何著作,但他的行为和学说却广为流传,人们敬重他对真理的不懈追求,更欣赏他渊博的学识和高尚的品质。他常常启迪青年人的智慧,但当人们赞叹他的智慧时,他却总是谦虚地说:"我唯一知道的就是自己的无知。"

纵观历史,我们很容易发现这样一个事实:那些越伟大的人,往往越具有谦虚、平和的品质。吕坤说"气忌盛,新忌满,才忌露",就算是最智慧的人也还有需要进步的地方,而只有谦虚才能使人常葆谨慎、不自满的态度。

如今,从表面来看,中国仍是一个以谦虚闻名的民族,但事实上,随着狼奔豕突、群雄逐鹿时代的到来,谦虚已越来越受到人们的质疑甚至口诛笔伐。价值观的多元化使得张扬个性和传统美德成了针尖和麦芒,人们在两者间兜转、徘徊,找不到出口。可对陈亚龙来说,这并不是一道棘手的选择题,因为在道德的标杆上,一切价值观都有其存在的理由,人们完全有权按个人心意修炼自己,只要那是最合适的。而熟悉陈亚龙的人都知道,"谦虚"就是最适合他的那味心灵鸡汤。

陈亚龙多年创业的生活实践教给了他最真材实料的经验。如果说当初的勤俭仅仅是因为救公司,那后来的勤俭就是鞭辟入里的理解,他说:"成由勤俭败由奢,很多大企业衰退的原因,往往是因为当企业发展到了一定的规模,其领导人就开始不思进取,追求享乐了。"正是因为如此,他时时不忘用"勤俭"二字来敦促和警示自己,也用这个价值观来教育下一代和要求员工。而对于勤俭的定义,他也有自己的解释:"勤劳不是让你累得满头大汗,而是要善于动脑,用智慧创造财富。使得用员工的大脑比使用员工的双手更有意义。朴实是做人做事的态度,是实事求是。"

华龙电子厂区总体示意图

华龙电子一景

企业文化的正能量和凝聚力

在物理学概念中,"正能量"的解释为:把真空能量当作零,如果物质超过真空能量则为正,反之,物质比真空能量少则为负。在企业管理中,运用企业文化去指导公司员工的思想行动及公司的经营方向,且在运用过程中能够对这两者起到极大的促进作用的能力,我们便把这种促进能力称为企业文化正能量。企业文化的创建诱因即为正能量,其为企业的存在以及不断地壮大提供了强有力的保障。深入探究和着力培育企业文化正能量,将会有利于企业文化的积极运用,有效去除潜文化的不利影响。将会有利于促进企业内部团结,改善公司内部关系,有利于创建一个融洽和谐的工作环境,有利于企业发展目标和思路的统一。

有些企业对企业文化的内涵作用缺乏了解认识,一些企业片面以为扩展企业形象即为企业文化,一些则以为企业文化便是开展传统的思想政治课,更多的人狭隘地以为企业文体活动就是企业文化,还有便是以为知识产权才是企业文化。这些片面理解,导致一些企业内部对企业文化的重要意义不清不楚,模模糊糊,更有甚者口里说承认,心里却否认。

有些企业在创建自己公司的企业文化时,不是根据自己的公司特点创建适合自己公司的企业文化,而是借鉴别人的经验,不加修改,全盘吸收,导致企业缺少自我的价值取向、企业理想、企业使命以及企业精神等等。完整仿照别家企业的制度模式,致使企业文化无法有效地体现该公司的管理模式、经营手段、行事作风以及企业价值观,企业文化只是一种摆设,没有实质意义。

企业文化不是封闭式的,而是完全不受限制的,有许多的空白可以留给企业去填补与扩充。企业可以去发展,去创造新的企业文化内容,对于优秀的企业文化,在公司发展过程中还能继续保留和发扬。有些企业创建企业文化时,没有经过具体完整的规划,也没有制定详实可用的长期计划,不注重企业传统文化的传承发展,马马虎虎进行相关工作,口令经常变更,公司没有稳定的管理传承和制定体系,目标不明确,致使本单位人员无法适应公司政令的各种改变,更不要说去贯彻落实了。

一方面要用心进行实践考察,透彻掌握相关行业发展的历史和发展环境,了解清楚行业的过去和当前状况、行业应变市场竞争的能力、工作人员对文化喜好的偏向、同行企业的企业文化特性、市场抗压力状况、员工对行业的全局认知等;进一步认知企业文化的当前状况,弄清楚企业和员工的价值观、开拓精神、合作意识、人际交往、行事作风、结果动向和潜文化的感召力等,为创建企业文化打下坚实的根基。

另一方面规划设计要周到,抓住企业文化创建的明确途径。要以科学规律为依据,用心设计好企业文化创建的总体规划,确定企业文化建设的发展路线、整体思路、详细步骤和策略方针,在工作统筹上,要考虑如何把当下发展和未来发展相统一,在发展中既要站在企业角度考虑经济效益同时也要顾及员工方面的工作权益,在使中心价值思想得到保护的同时也要使核心理念能够与发展相融合,用科学的建设理念武装企业文化。比如我们陕煤化物资集团铜川分公司在建设现代物流企业企业文化过程中,培育了具有"和""乐"特色的正能量文化。

职工接纳企业文化的前提是理解认同。要改良企业文化教育方法，开拓企业文化教育实质，拓宽企业文化教育圈子，用心打造人人拥护企业文化、人人遵守企业文化的友好气氛。企业文化颁布时集体教育要强抓搞好。要及时组织全体员工进行宣传教育，通过成立培训班、进行专题教导讲座、安排大众测验考察等各种方式，达到广为人知的效果。经过大量深刻的宣传教育，令极大多数党员干部领悟企业文化理念，深化企业文化实质，使企业文化无形中与自身的行为与行动相融合，指导和规范日常行为。比如企业的"文化大讲堂"。

一是适时把企业文化规范为制度章程。要进行实时的企业文化创建的经验汇总，把有些可行的方案和办法修订成具备约束力的规章制度，加强企业文化的服从性、稳固性和持续性。二是让企业高层起到带头模范作用。高层领导和企业领导必须严格遵守和维护规章制度，严格按章程办事，要做到以身作则，同时还要敢于担当，狠抓狠管，在制度的规范下保证公平对待每个人，赏罚分明，起到表率作用，从而率领企业员工主动承担责任和维护执行企业制度。我们将5A级现代物流企业的标准作为文化对标，进行制度保证和完善。

家风代表家教，企风反映企业文化。一是树典范立先进，发挥感召力。一个企业的人才和凝聚力是无价之宝，拥有优秀的企业传承文化,是宝贵财富,这是企业需要关注的百年基业,为企业文化的发扬发挥着举足轻重的作用。二是做好警示通报。在适当的时候披露办事不力及违反相关规程的行为,并对此进行通报批评问责,发挥文化教化作用。三是加大对外宣扬力度。要利用身边一切能利用的资源如电视、网络、报纸、杂志等媒体,增强宣扬力度,拓展企业文化的影响力。要大力表彰企业先进模范,用感人的先进事迹去推动员工遵守企业文化的行动,激发员工的积极性,塑造企业优秀的品牌形象。

企业之魂在文化,文化建设在聚力,凝聚和激发正能量,培育和发挥凝聚力,是企业发展的重要根基,也是企业实现梦想的腾飞翅膀,促使企业文化正能量和凝聚力的实际效果得以最大程度的施展,才能从根本上激发企业的内部力量和创新活力,促进企业发展的全面进步,确保企业在激烈的市场竞争中转型升级,打造"文化升级版"企业。

(郜鹏,于2015年发表于中国品牌网)

华龙蓝图

通过与通富微电、华天科技、长电科技、华润华晶、NXP、安森美、飞思卡尔、日月光、UTK等公司的持续战略合作,陈亚龙团队已制定出未来三到五年的发展规划。

1. 计划投入5000万元建设"年产1080万片级大规模集成电路蚀刻引线框架"项目。

2. 在原有"年产200亿只引线框架"项目基础上,每年将追加投资1000万元用于技术改造,逐步完善项目智能制造和各类精密加工设备;开拓汽车电力电子器件引进框架市场。

3. 在原有"年产3000T异型铜带"项目基础上,技改投资高精度引线框架异型铜带项目,逐步完善上游原材料供应链。

4. 在原有管理团队基础上,逐步引进各类技术工程、资本等管理团队,充实现有管理层,合理利用团队合作管理模式,使公司成为世界半导体行业著名封装材料供应商。

历史化作久远的鼓点,在掌声响起的时候渐行渐远。

曾经的艰辛和苦难,在记忆中竟芳醇成浓香的美酒,该是举杯庆贺的时候了!

也许我们应该感恩所处的这个伟大的时代:这是一个龙腾凤舞的时代。

它让历史最终选择了这样的一个时刻,来圆一个中国民族电子产业的世纪新梦。

我们也应该感恩于这一片神奇美丽的土地：它承载着久远的文明，孕育万物，生生不息；它连接着黄色的农业文明与蔚蓝的海洋文明，给了东钱湖、宁波人另一种期盼。

东海春潮澎湃，万物悄然萌动，古老的华夏大地又复绽放出青春的笑靥。

"华龙电子，响亮的名字孕育着希望。……豪情满怀，谱写未来的乐章！……"

在陈亚龙的设想中，未来的华龙电子集团将重点开发功率模块、大规模集成电路、表面贴装等引线框架，形成以年产450亿只引线框架生产能力为支撑的产业布局。

华龙电子作业场景

华龙电子内部设备

华龙电子作业场景

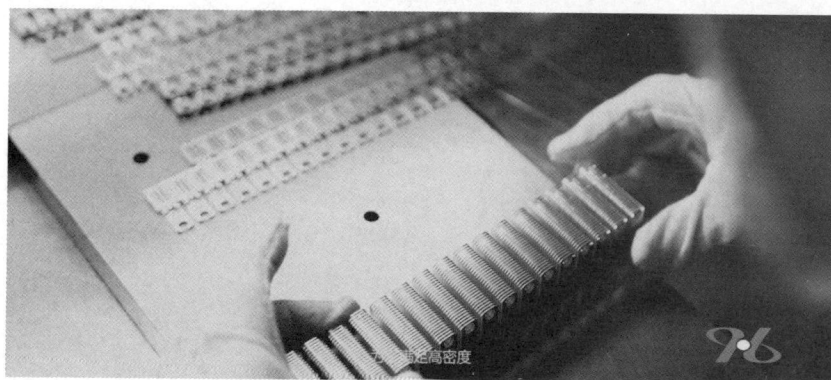

高品质华龙产品一景

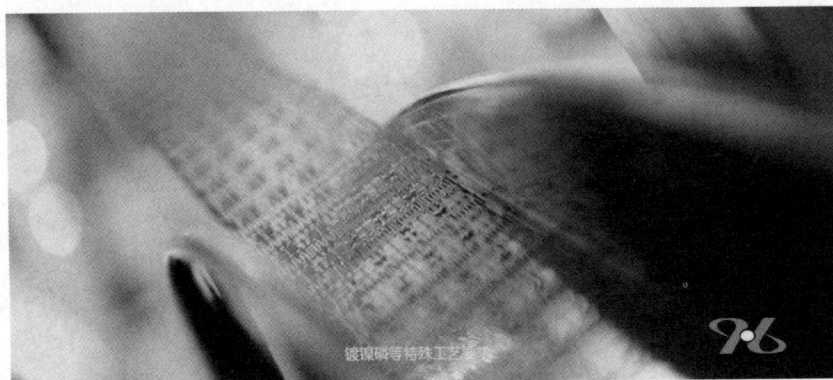

高品质华龙产品一景

第五篇 龙的印记

华龙电子大事记

1. 1990年7月,创立鄞县钱湖无线电配件厂。

2. 1997年,创立鄞县华龙电子有限公司。

3. 2003年,创立宁波华龙电子有限公司。

4. 2008年,创建宁波华龙电子股份有限公司。

5. 2005年,首批通过宁波市清洁生产企业验收。

6. 2006年,公司实施了国家信息产业部电子发展基金"环保型新型电子材料循环利用项目",通过宁波市信息产业局验收。

7. 2008年10月,"TO-220系列防水塑封引线框架"被列入"国家科技部2008—2009年度火炬计划项目",2009年2月荣获"第三届中国半导体创新产品及技术"。

8. 2009年,公司组织实施了"大规模高端四面扁平式封装LQFP引线框架的研究与产业化"项目,并被列入国家科技部02专项"极大规模集成电路制造及成套工艺"。

9. 2009年9月,公司被评为国家高新技术企业。

10. 2009年10月,公司获得ISO/TS16949质量管理体系认证。

11. 2010年2月,公司获得ISO14001环境管理体系认证。

12. 2010年10月,公司技术中心荣获浙江省省级企业技术中心称号。

13. 曾连续5年荣获东钱湖旅游度假区工业生产先进企业。

14. 2008年,获宁波市外商投资企业社会责任先进企业。

15. 华龙电子全资子公司泰州工厂占地110亩,一期厂房建筑面积

29000平方米,于2010年8月竣工投产,形成年生产规模150亿只。

16. 华龙获2010—2012年度东钱湖镇社会贡献奖。

17. 2011年,华龙获宁波市专利示范企业。

18. 2012年,华龙被评为宁波市电子行业优秀创新企业。

19. 2012年,华龙被评为宁波市电镀行业先进单位。

20. 2012年,华龙被评为宁波市安全生产标准化三级企业。

21. 至2017年,华龙已获得52项专利,其中发明专利2项,实用新型专利50项。

22. 2011年8月,华龙出资20万元,为东钱湖医院购置了全新的救护车和急救设备。

23. 2007年起,陈亚龙当选宁波市鄞州区人大代表。

24. 2007年起,董事长陈亚龙被宁波东钱湖旅游度假区选为商会副会长。

25. 2008年起,董事长陈亚龙被宁波市甬商理事会选为副会长。

26. 2013年，董事长陈亚龙入选宁波市十大甬商。

27. 近年来，董事长陈亚龙累计为旧宅村老年人捐款15万元，为渔业村捐款累计15万元，为宁波市篮球协会捐款30万元，为横溪梅林村捐款47万元（含修建一条公路），为正始中学捐款35万元。

38. 华龙电子产品进一步覆盖到TO-92、TO-126、TO-251、TO-220、TO-3P系列分立器件引线框架、IDF/DIP/SOP/LQFP系列集成电路引线框架、SOT系列表面贴装引线框架等百余种规格，被国内外五十几家著名半导体企业广泛使用。

29. 2017年底，华龙在电子行业内的地位进一步提升，成立了省级高精度塑封引线框架工程（技术）中心，领先于国内同行。

在电镀上能自主满足点镀

高品质华龙产品一景

华龙产品制造车间

华龙产品制造车间

华龙产品制造车间

华龙之歌

浙东之巅

我们化身苍松雨燕

走过风雨我们绽放春天

茫茫神州大地

我们是雄鹰蛟龙

万里河山我们谱写诗篇

做精产业链

走向世界之巅

我们共同描绘最美的画卷

朝日里耕种希望

彩虹下收获明天

平凡中创造奇迹

血汗里铸就非凡

始终相信努力就能将世界改变

华龙人一身是胆

激流中勇往向前

携手走向未来

那里是我们光辉灿烂的明天

集体探讨　合力攻关

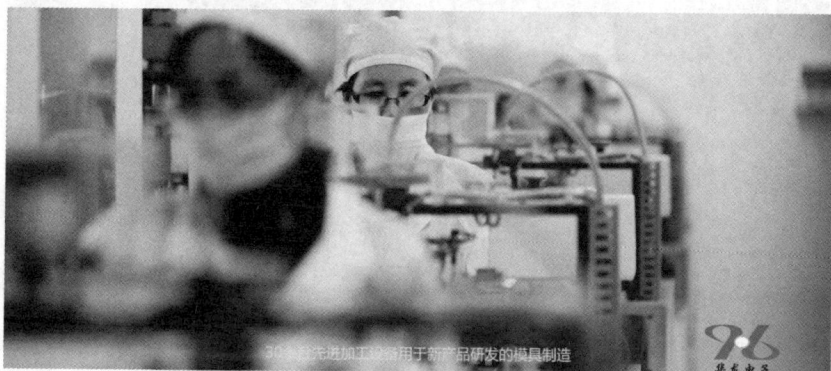

精细作业　流程规范

精细作业　流程规范

团队协作 层级负责

精细作业一景